105개의 수도로 만나는 세계

105개의 수도로 만나는 세계

초판 1쇄 2020년 7월 16일
초판 3쇄 2022년 11월 25일
글쓴이 박동석
그린이 시미씨
펴낸이 권경은
펴낸곳 도서출판 책숲
출판등록 제567-251002011000156호
주소 경남 창원시 마산합포구 중앙대로 10 102동 801호
전화 070-8702-3368
팩스 02-318-1125
ISBN 979-11-86342-32-9 73980

이 도서의 국립중앙도서관 출판시도서목록(CIP)은 서지정보유통지원시스템
홈페이지(http://seoji.nl.go.kr)와 국가자료공동목록시스템(http://www.nl.go.kr/kolisnet)에서
이용하실 수 있습니다.(CIP제어번호 : CIP2020026841)

*값은 뒤표지에 있습니다.
*잘못 만든 책은 구입하신 서점에서 바꾸어 드립니다.
*책의 내용과 그림은 저자나 출판사의 서면 동의 없이 마음대로 쓸 수 없습니다.

한걸음에 세계 일주

105개의 수도로 만나는 세계

글 박동석 · 그림 시미씨

책숲

들어가며

모든 수도는 그 나라의 중심

"미국의 수도는 어디일까요?"

"워싱턴!"

우리가 생활하면서 자주 하는 퀴즈 게임이 하나 있어요. 바로 각 나라의 수도를 알아맞히는 퀴즈이지요. 그 덕분에 여러분도 웬만한 나라의 수도는 기억하고 있을 거예요.

왜 사람들은 각 나라의 수도를 알아맞히는 퀴즈 게임을 하는 걸까요? 분명 어떤 이유가 있지 않을까요?

여러분도 잘 알고 있듯이 수도는 각 나라의 가장 중심이 되는 도시예요. 조금 유식한 말로 표현하면 수도는 각 나라의 정치, 경제, 사회, 문화의 중심이 되는 도시이지요. 모든 것의 중심이 되는 도시가 수도랍니다.

지구촌이라는 말을 많이 들어 보았을 거예요. 이 말은 세계가 한 마을처럼 가깝게 지내게 되었다는 의미예요. 예전에는 세계가 서로 싸우며 갈등 속에서 살았지만 이제는 모두가 같은 마을에 사는 이웃처럼 서

로 협력하며 함께 행복하게 살 수 있기를 바라고 있어요.

지구촌 시대에 잘 살아가기 위해서는 무엇보다 다른 나라와 좋은 관계를 맺고 친하게 지낼 수 있어야 해요. 친해지려면 먼저 그 나라에 대해 잘 알고 있어야 하고요. 우리가 각 나라의 수도를 알아야 하는 이유도 여기에 있어요. 각 나라의 중심인 수도를 알면 그 나라의 모든 것을 알 수 있게 되지요.

하지만 퀴즈 게임처럼 각 나라의 수도 이름만 아는 것은 큰 의미가 없어요. 거기에서 한 걸음 더 들어가 수도의 과거와 현재, 미래까지도 아는 것이 중요해요. 그래야 수도를 안다고, 더 나아가 그 나라를 잘 알고 있다고 말할 수 있지 않겠어요?

이 책은 세계 여러 나라의 수도 이야기를 담고 있어요. 이 책을 통해 여러분들이 지구촌 시대를 더 멋지고 행복하게 살아길 수 있기를 바라는 마음이에요. 그럼, 지금부터 지구촌 수도 여행을 떠나 볼까요?

차례(나라별 가나다 순)

들어가며   4

1장 ···· 아시아의 나라와 수도

네팔 카트만두	16	대한민국 서울	18
라오스 비엔티안	20	말레이시아 쿠알라룸푸르	22
몽골 울란바토르	24	미얀마 네피도	26
방글라데시 다카	28	베트남 하노이	30
부탄 팀부	32	북한 평양	34
사우디아라비아 리야드	36	스리랑카 콜롬보	38
시리아 다마스쿠스	40	싱가포르 싱가포르	42
아랍에미리트 아부다비	44	요르단 암만	46
우즈베키스탄 타슈켄트	48	이라크 바그다드	50
이란 테헤란	52	이스라엘 예루살렘	54
인도 뉴델리	56	인도네시아 자카르타	58
일본 도쿄	60	중국 베이징	62
카타르 도하	64	캄보디아 프놈펜	66
타이 방콕	68	타이완 타이베이	70
터키 앙카라	72	파키스탄 이슬라마바드	74
필리핀 마닐라	76		

2장 ···· 유럽의 나라와 수도

그리스 아테네	84	네덜란드 암스테르담	86
노르웨이 오슬로	88	덴마크 코펜하겐	90
독일 베를린	92	러시아 모스크바	94
루마니아 부쿠레슈티	96	벨기에 브뤼셀	98
보스니아 헤르체고비나 사라예보	100	불가리아 소피아	102
세르비아 베오그라드	104	스웨덴 스톡홀름	106
스위스 베른	108	슬로베니아 류블랴나	110
아이슬란드 레이캬비크	112	아일랜드 더블린	114
에스파냐 마드리드	116	영국 런던	118
오스트리아 빈	120	이탈리아 로마	122
체코 프라하	124	크로아티아 자그레브	126
포르투갈 리스본	128	폴란드 바르샤바	130
프랑스 파리	132	핀란드 헬싱키	134
헝가리 부다페스트	136		

3장 … 아메리카의 나라와 수도

과테말라 과테말라시티	144	니카라과 마나과	146
도미니카 공화국 산토도밍고	148	멕시코 멕시코시티	150
미국 워싱턴	152	베네수엘라 카라카스	154
볼리비아 라파스	156	브라질 브라질리아	158
아르헨티나 부에노스아이레스	160	에콰도르 키토	162
엘살바도르 산살바도르	164	온두라스 테구시갈파	166
우루과이 몬테비데오	168	자메이카 킹스턴	170
칠레 산티아고	172	캐나다 오타와	174
코스타리카 산호세	176	콜롬비아 보고타	178
쿠바 아바나	180	파나마 파나마시티	182
파라과이 아순시온	184	페루 리마	186

4장 … 아프리카의 나라와 수도

가나 아크라	194	나미비아 빈트후크	196
나이지리아 아부자	198	남아프리카 공화국 프리토리아	200
리비아 트리폴리	202	모로코 라바트	204

모잠비크 마푸토	206	세네갈 다카르	208
수단 하르툼	210	알제리 알제	212
앙골라 루안다	214	에티오피아 아디스아바바	216
이집트 카이로	218	짐바브웨 하라레	220
카메룬 야운데	222	케냐 나이로비	224
코트디부아르 야무수크로	226	콩고 브라자빌	228
탄자니아 도도마	230	토고 로메	232
튀니지 튀니스	234		

5장 ··· 오세아니아의 나라와 수도

뉴질랜드 웰링턴	242	오스트레일리아 캔버라	244
파푸아뉴기니 포트모르즈비	246	피지 수바	248

부록 · 세계의 수도(195개 나라) 250

1

아시아의 나라와 수도

아시아는 세계에서 가장 큰 대륙이에요. 지구 육지의 3분의 1을 차지할 정도로 지역이 넓고, 무엇보다 지구 전체 인구의 3분의 2가 아시아에서 살고 있답니다. 우리나라가 아시아에 속해 있다는 건 잘 알지요?

아시아는 일찍이 고대 문명이 발달하여 옛날부터 세계의 정치, 경제, 사회, 문화의 중심지 역할을 했어요. 세계 4대 문명의 발상지 중 세 곳이 바로 아시아 지역에 있어요. 중국 황허강의 '황허 문명', 서남아시아 티그리스-유프라테스강의 '메소포타미아 문명', 인도 인더스강의 '인더스 문명'이 모두 아시아 지역에서 일어났어요.(나머지 한 곳은 아프리카 대륙 이집트 나일강 유역의 '이집트 문명'이에요.)

'아시아'라는 지명은 어디에서 왔을까요? 몇 가지 이야기가 전해지고 있는데, 아시리아어 '아수'에서 유래되었다는 설이 가장 일반적이에요. 그

물의 나라, 방콕!! 과일 팔아요~~

리스 사람들은 그리스 동쪽에 있는 지역을 부를 때 아시리아어로 '아수'라고 불렀어요. 아수는 '동쪽'이라는 뜻이에요.

아시아 대륙의 북쪽은 북극해, 남쪽은 인도양, 동쪽은 태평양, 서쪽은 우랄 산맥과 경계를 이루고 있어요. 특히 남서쪽은 이집트 수에즈 운하를 경계로 아프리카 대륙과 이웃하고, 서쪽은 우랄 산맥을 경계로 유럽 대륙과 이웃이 돼요.

아시아 대륙은 가장 큰 대륙이다 보니 지형에 따라 북아시아, 동아시아, 동남아시아, 중앙아시아, 남아시아, 서남아시아 등 6개 지역으로 구분해요.

북아시아는 러시아의 아시아 지역, 즉 시베리아 지역을 말해요. 이 지역은 몹시 춥기 때문에 사람들은 많이 살지 않지만 천연 자원이 많이 매장되어 있으며, 세계에서 가장 넓은 산림이 분포되어 있는 곳이에요.

동아시아는 동북아시아라고 부르기도 하는데, 고대 문명 발상지인 황허강을 중심으로 수준 높은 문화가 발달한 곳이며, 그런 까닭에 옛날부터 많은 사람들이 생활하고 있는 곳이에요. 중

사막에선 낙타가 최고 교통수단이지!!

국, 몽골, 한국, 일본, 북한 등이 이 지역에 속하는 나라들이에요.

동남아시아는 지진과 화산 활동이 자주 일어나는 곳인데, 인도차이나 반도와 말레이 제도 등 적도 부근의 많은 섬들이 여기에 속해요. 라오스, 미얀마, 캄보디아, 태국, 말레이시아, 인도네시아, 필리핀, 싱가포르 등이 이 지역에 속하는 나라들이에요.

중앙아시아는 아시아 대륙의 중앙 지역으로 높은 산맥과 고원, 푸른 초원 지대로 이루어져 있어요. 자연 환경이 농사에 적합하지 않아 이곳에 사는 사람들은 대부분 살기 좋은 곳을 찾아 옮겨 다니는 유목 생활을 해요. 우즈베키스탄, 카자흐스탄, 아프가니스탄 등이 이 지역에 속하는 나라들이고, 이란, 몽골, 중국의 일부도 이 지역에 속해요.

남아시아는 히말라야 산맥을 지붕으로 하는 인도 반도 전역을 포함하고 있어요. 많은 사람들이 모여 살고 있으며, 그만큼 다양한 종교와 문화가 서로 공존하고 있는 곳이에요. 인도, 파키스탄, 방글라데시, 네팔, 부탄, 스리랑카 등이 이 지역에 속하는 나라들이에요.

서남아시아는 서아시아, 중동이라고도 불러요. 기독교, 이슬람교, 유

덥지 않냐고?
시원한걸!

대교가 모두 이 지역에서 생겨났어요. 각 종교의 성지가 모여 있어서 종교적인 다툼도 많이 있어요. 지리적으로는 유럽, 아프리카와 닿아 있어서 동서양 문화의 다리 역할을 하는 곳이에요. 터키, 이스라엘, 이란, 이라크, 레바논, 요르단, 카타르, 쿠웨이트, 사우디아라비아 등이 이 지역에 속하는 나라들이에요.

카트만두

① **위치:** 네팔 중앙의 카트만두 계곡에 위치
② **인구:** 약 970,000명
③ **면적:** 50.7㎢(서울 605㎢)
④ **수도 지위 시기:** 18세기

히말라야산맥 중앙에 있어요. 공식 명칭은 '네팔 연방 민주 공화국'이에요. 국왕이 나라를 다스리는 왕정 국가였다가, 2008년에 공화국이 되었어요. 세계 10대 최고봉 가운데 에베레스트, K2, 칸첸중가 등 8개의 산이 네팔에 있답니다. 석가모니가 태어난 곳이지만 불교 신자는 10퍼센트 정도이고, 대부분은 힌두교를 믿어요.

산악인들의 성지 카트만두

해발 1,300미터 정도의 고지대에 있는 도시예요. 바그마티강과 비슈누마티강이 만나는 곳에 있어 오래전 8세기부터 도시로 발달할 수 있었어요. '카트만두'라는 이름은 1596년, '라자 라치미나 싱'이라는 사람이 나무 한 그루로 사원을 지었다는 전설 때문에 생겼어요. '카트'는 '나무', '만디르'는 '사원'을 뜻하는데, 이 두 말이 합쳐져서 카트만두가 된 거예요.

　시내 곳곳에는 옛 왕궁과 불교, 힌두교의 사원들이 많이 있어요. 그중에서도 가장 유명한 것은 1549년에 세워진 탈레주 사원과 카트만두 이름의 기원이 된 목조 사원이에요.

　1934년에 일어난 지진 때문에 도시가 많이 파괴되었고, 그 뒤에 들어선 현대적 양식의 건축물들이 많아요. 그런데 2015년에 큰 지진이 또 일어나서 그때 입은 피해를 아직도 복구하고 있어요.

　봄, 가을에 여러 신을 숭배하는 축제가 열리는데, 그중에서도 초가을에 열리는 '인드라 자트라' 축제가 가장 유명해요. 그래도 카트만두가 유명한 건 히말라야에 오르려는 사람들이 거쳐 가는 '산악인들의 성지'라는 점 때문일 거예요.

 대한민국

서울

① 위치: 한반도 중앙에 위치
② 인구: 약 9,800,000명
③ 면적: 605㎢
④ 수도 지위 시기: 1394년

　한국 또는 남한이라고 불리는 대한민국은 아시아 대륙 동쪽 끝에 있어요. 기원전 2333년에 고조선이 세워진 이래 여러 왕조를 거치며 1910년까지 왕정 국가를 유지했어요. 일본에게 35년간 지배를 받다가 1945년에 나라를 되찾았고, 공화국을 세웠어요. 독자적인 문자인 '한글'을 사용하고, 정보 통신 기술은 세계 최고 수준을 자랑해요. 북한과 함께 지구상에 하나 남은 분단국가예요.

'한강의 기적'을 이룬 서울
　서울은 대한민국의 수도이자, 인구 천만 명이 살고 있는 거대 도시예요. 1394년 조선 왕조가 세워지고 현재에 이르기까지 600년 넘게 수도의 지위를 누리고 있는 역사 도시이기도 해요.
　'서울'이라는 명칭을 공식적으로 사용한 것은 1945년 광복 이후

예요. 이 이름은 신라의 수도 '서라벌'에서 유래했다는 것이 가장 일반적이지요. 신라 시대에는 수도 경주를 서라벌이라 불렀어요. '높고 너른 벌판, 큰 마을'이라는 뜻이에요.

나라를 일본에 빼앗긴 35년과 6·25전쟁을 거치면서 조선 시대 500년 동안 만들어진 서울의 모습은 많이 훼손되었어요. 하지만 '한강의 기적'이라는 말이 나올 만큼 빠르게 도시가 성장했어요.

국토의 0.6퍼센트밖에 안 되는 넓이지만 현재 서울은 전체 인구의 5분의 1이 살아가는 거대 도시가 되었어요. 1988년에는 아시아에서 두 번째로 올림픽을 치르고, 2002년에는 월드컵을 성공적으로 개최한 세계적인 도시이기도 해요.

 라오스

비엔티안

① **위치:** 라오스 중앙 태국과의 경계에 위치
② **인구:** 약 780,000명
③ **면적:** 3,920㎢(서울 605㎢)
④ **수도 지위 시기:** 16세기

인도차이나 반도 중부에 있는 나라예요. 공식 명칭은 '라오스 인민 민주 공화국'이에요. 인구의 절반이 넘는 라오족과 함께 50여 개의 작은 부족들이 살아요. 프랑스의 지배를 받다가 1953년에 완전히 독립했어요. 왕정 국가였다가 내전을 오래 겪은 후, 1975년 사회주의 국가가 되었어요. 국가 경제가 농업에 크게 의존하고 있기 때문에 아시아에서 가난한 나라 중 하나예요.

메콩강이 낳은 도시, 비엔티안

'달의 도시' 비엔티안은 동남아시아의 젖줄 메콩강 유역에 있는 라오스 최대 도시이자, 오랜 역사를 자랑하는 역사 도시예요. 13세기 중국 남부에서 살았던 라오족이 이 지역으로 옮겨 오면서 비엔티안의 역사는 시작되었어요.

1353년, 파움 왕이 루앙프라방을 중심으로 라오스 최초의 통일 국가 란쌍 왕국을 세웠어요. 란쌍 왕국은 1563년 미얀마가 침략해 오자 수도를 지금의 비엔티안으로 옮겼어요.

　18세기 말 이웃나라 태국의 지배를 받는 동안 비엔티안의 많은 문화유산이 파괴되는 일도 겪었어요. 그래도 19세기 말 프랑스의 지배를 받는 기간에도 비엔티안은 행정 수도 및 경제 수도 역할을 했어요. 1949년 라오스가 독립할 때 비엔티안은 수도로 지정되었고, 1975년 왕정이 폐지되고 사회주의 국가가 되었을 때도 수도로 지정되어 현재까지 이어져 왔어요.

　비엔티안에서 가장 유명한 곳으로 불교 사원 파탓루앙, 왓시사켓, 프랑스로부터 독립한 것을 기념한 개선문 팟투사이 등이 있어요. 안타까운 것은 이 아름다운 사원들이 대부분 미얀마, 태국, 프랑스 등 다른 나라의 침입으로 파괴되었던 것을 독립 이후에 복구한 것이라는 점이에요.

 말레이시아

쿠알라룸푸르

① **위치:** 말레이 반도 서해안 중부에 위치
② **인구:** 약 1,700,000명
③ **면적:** 243㎢(서울 605㎢)
④ **수도 지위 시기:** 1896년

말레이반도와 보르네오섬 북부에 걸쳐 있는 입헌군주제 국가예요. 18세기부터 1957년까지 영국의 식민지였어요. 1963년 사바, 사라와크, 싱가포르와 함께 말레이시아 연방 국가가 되었는데, 2년 뒤 싱가포르가 탈퇴하면서 지금의 말레이시아가 되었어요. 국민 대부분이 말레이인과 중국인이고, 인구 60퍼센트가 이슬람교를 믿어요.

주석 광산 광부들이 세운 도시, 쿠알라룸푸르

쿠알라룸푸르라는 이름은 '흙탕물이 만나는 곳'이라는 뜻이에요. 1857년 87명의 중국인 광부들이 인근 암팡 지역에서 주석을 캐기 시작하면서 곰박강과 클락강이 만나는 이곳에 도시가 생겼어요. 말라리아 때문에 사람이 살기 힘든 지역이었지만 두 강이 만나는 지리적 이점과 주석 광산 덕분에 도시로 성장할 수 있었어요.

영국의 지배를 받을 때인 1896년 말레이 연방의 수도가 되었고, 마침내 1963년 말레이시아 연방 국가가 수립되었을 때에도 쿠알라룸푸르는 수도의 지위를 굳건히 지켰어요.

쿠알라룸푸르는 1990년대 이후 다른 아시아 국가들이 성장할 때 함께 빠르게 성장했어요. 곳곳에 고층 건물이 들어섰고, 전철과 고속도로가 세워졌어요. 시내에서 현대 건축물과 전통 건축물들을 함께 볼 수 있고, 상업 지구에는 은행, 보험회사, 호텔 등이 모여 있어요. 하지만 도심이 갑자기 커지면서 교통 체증 등 여러 가지 도시 문제가 생겼어요.

1999년, 말레이시아는 도시의 혼잡을 막기 위해 쿠알라룸푸르 남쪽에 새로운 도시 푸트라자야를 건설하고, 여기로 정부 청사를 이전했어요. 그래도 수도가 바뀐 건 아니에요. 왕궁과 의회가 있는 말레이시아의 공식적인 수도는 여전히 쿠알라룸푸르예요.

울란바토르

① 위치: 몽골 북동부 중앙에 위치
② 인구: 약 1,200,000명
③ 면적: 4,704㎢(서울 605㎢)
④ 수도 지위 시기: 1924년

　러시아와 중국 사이 내륙에 있어서 긴 겨울은 몹시 춥고, 짧은 여름은 무더워요. 국토의 80퍼센트가 목초지여서 예전에는 유목 생활을 많이 했어요. 13세기 칭기즈 칸이 아시아에서 유럽에까지 이르는 대제국을 건설했지만, 한동안 중국의 힘에 가려져 있다가 1924년에 독립했어요. 1992년에는 민주주의 혁명이 일어나 정치, 사회적으로 민주화가 되었어요. 넓은 땅에 비해 사람이 적게 사는 나라예요.

칭기즈 칸의 도시, 울란바토르

　이 지역에 마을이 형성될 수 있었던 것은 계절에 따라 목초지를 찾아 이동했던 몽골 군주의 주거지가 있었기 때문이에요. 울란바토르라는 이름이 생긴 것은 그렇게 오래되지 않았어요. 몽골의 독립을 이끈 영웅 담디니 수흐바토르를 기념하기 위해, 몽골 인민 공화국의 수도 이름을 '붉은 영웅'이라는 뜻의 울란바토르로 바꿨어요.

초기 울란바토르에는 많은 절과 건물, 게르(원형 천막으로 된 주거지) 마을이 있었어요. 하지만 지금은 현대적인 도시로 탈바꿈했고, 전통 주거지인 게르도 시내에서는 거의 찾아볼 수 없어요.

현대적인 도시가 되고, 사람들이 많이 모여 살면서 울란바토르에는 환경오염 문제가 생겼어요. 특히 석탄과 나무를 많이 떼어서 공기가 많이 오염되었는데, 추운 겨울철 대기 오염이 더 심각해요.

울란바토르 시내는 걸어서 둘러볼 수 있어요. 수흐바토르 광장을 중심으로 정부 청사, 극장, 호텔, 독립 영웅들의 묘 등이 자리 잡고 있어요. 도심 북서쪽에는 몽골에서 가장 큰 사원인 간단 사원이 있어요.

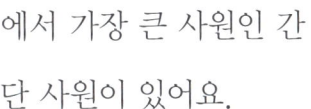

 미얀마

네피도

① 위치: 미얀마 중앙부에 위치
② 인구: 약 1,100,000명
③ 면적: 7,054㎢(서울 605㎢)
④ 수도 지위 시기: 2005년

아시아 서남부에 있어요. 1885년부터 영국의 지배를 받다가 1948년 버마 연방 공화국으로 독립했어요. 1972년 사회주의 국가가 되었고, 1989년 군사 정권이 들어서면서 국명을 '미얀마 연방 공화국'으로 바꾸었어요. 미얀마는 국민 대다수가 불교를 믿는 불교 국가이고, 미얀마족이 전체 인구의 70퍼센트를 차지해요.

새로운 수도 네피도와 옛 수도 양곤

2005년 미얀마의 새로운 수도가 된 네피도는 전 수도였던 양곤에서 북쪽으로 약 320킬로미터 떨어진 미얀마 중앙에 있어요. 미얀마어로 '왕국의 도시, 왕이 사는 곳'을 뜻해요.

미얀마는 양곤 인구가 많아지고, 네피도가 지리적으로 더 유리하다는 점 때문에 수도를 옮겼어요. 네피도는 해안에서 멀리 떨어

　져 있고, 교통의 중심지여서 양곤보다 지리적 위치가 더 좋은 곳으로 평가받고 있어요.

　그래도 양곤은 여전히 미얀마 최대 도시이자 경제 중심지예요. 1755년 버마족의 왕 알라웅파야가 작은 어촌이었던 이곳을 점령하여 '전쟁 끝'이라는 뜻의 양곤으로 이름을 지었어요. 19세기 중반부터 영국이 식민 지배를 위해 도로와 항구 시설을 세우면서 현대적인 도시로 만들었어요.

　양곤 시가지 북쪽 언덕 위에 있는 쉐다곤 불탑은 정사각형 기단 위에 세워진 높이 100미터에 달하는 황금색 탑이에요. 불교의 나라 미얀마의 상징이기도 하고, 평일에도 참배객이 끊이지 않는 명소지요.

다카

① **위치:** 방글라데시 중남부에 위치
② **인구:** 약 18,000,000명
③ **면적:** 153㎢ (서울 605㎢)
④ **수도 지위 시기:** 1971년

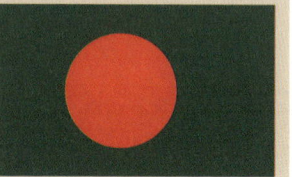

나라 이름은 '벵골의 땅'이라는 뜻이에요. 18세기 이후 영국의 지배를 받다가 1947년 인도와 파키스탄이 각각 독립할 때, 이 지역은 파키스탄의 동벵골 지방, 동파키스탄이 되었다가 1971년 파키스탄에서 독립해 지금의 방글라데시가 되었어요. 국민 대다수는 벵골어를 쓰는 벵골인들이고, 이슬람교를 믿는 이슬람교 국가예요.

모스크와 릭샤의 도시, 다카

방글라데시 중앙에 있는 다카는 인구 밀도가 높은 나라의 수도 답게 세계에서 인구 밀도가 가장 높은 도시 중 하나예요.

다카라는 이름은 이 지역에 많이 있는 '다크 나무'에서 유래되었다고도 하고, 여신 '다케슈와리'를 모시는 사원에서 유래되었다고도 해요.

이 지역은 17세기 무굴 제국 벵골주의 주도가 되면서 도시로 발전하기 시작했어요. 특히, 이슬람 교도들에게 세금을 면제해 주면서 이슬람 교도들이 모여들었고, 큰 도시로 성장했어요. 이때 이슬람교의 사원 모스크와 대학들이 많이 세워졌어요. 지금도 다카에는 수백 개의 모스크가 있고, 그 덕에 모스크의 도시라는 별명도 얻었어요.

다카의 오래된 구시가지에는 무굴 제국 시대에 세워진 성채와 모스크, 힌두교 사원 등이 있어요. 신시가지는 영국 지배 시기를 거치고, 독립 이후에 만든 관공서, 시장, 주택가가 질서 정연하게 들어서 있어요. 다카는 세계 릭샤(자전거나 오토바이를 개조해서 만든 교통수단)의 수도라는 별명도 있는데, 약 40만 대의 릭샤가 교통수단으로 이용되고 있어요.

 베트남

하노이

① 위치: 베트남 북부 홍강 서쪽에 위치
② 인구: 약 7,500,000명
③ 면적: 3,328㎢(서울 605㎢)
④ 수도 지위 시기: 1010년

인도차이나 반도의 동쪽 지역에 남북으로 길게 뻗어 있는 나라예요. 19세기 말부터 프랑스의 식민지였다가 1945년 제2차 세계 대전이 끝나면서 '베트남 민주 공화국'으로 독립했어요. 독립을 반대한 프랑스와 전쟁을 했고, 1954년 프랑스가 완전히 떠난 후 남북으로 갈라져 분단국가가 되었어요. 남북 두 나라는 긴 전쟁 끝에 북베트남이 승리하고 1976년 '베트남 사회주의 공화국'을 수립했어요. 베트남인이 대부분이며, 국민의 80퍼센트가 불교를 믿는 불교 국가예요.

천 년의 도시, 하노이

'두 강 사이에 있는 도시'라는 뜻의 하노이는 천 년의 역사를 자랑하는 역사 도시이자, 호치민에 이어 베트남에서 두 번째로 큰 도시예요.

선사 시대부터 사람이 살았던 이곳을 1010년 베트남 리 왕조가 수도로 정하면서 발전하기 시작했어요. 오래된 도시인 만큼 여러 왕조와 정부의 수도 역할을 했고, 1945년에 베트남 민주 공화국으로 독립하면서 또 다시 수도가 되었어요.

1955년부터 20년간 이어진 베트남 전쟁으로 북베트남의 수도 하노이는 세 차례나 미국의 폭격을 받아 큰 피해를 입었어요. 수백 년 된 건물과 궁전이 대부분 파괴되었는데 이때 무사히 남은 유적들을 지금 하노이에서 볼 수 있어요.

기원전 3세기에 세워진 코로아 성채와 11세기에 세워진 공자의 사당인 문묘, 하노이 대학교, 혁명 박물관 등 유적이 유명하고, 프랑스 지배 시기 건축된 대통령궁, 하노이 오페라 하우스, 베트남 은행, 성 요셉 성당 등도 꼭 들러야 할 명소예요.

 부탄

팀부

① 위치: 부탄 서쪽 중앙에 위치
② 인구: 약 80,000명
③ 면적: 2,102㎢(서울 605㎢)
④ 수도 지위 시기: 1952년

히말라야 산맥 동쪽에 있어요. 북쪽과 서쪽은 중국, 남쪽과 동쪽은 인도와 닿아 있어요. 국토 대부분이 해발 2,000미터 이상 고지대에 있기 때문에 평야가 거의 없어요. 19세기 중반부터 영국의 지배를 받다가, 1949년에 독립했어요. 1907년부터 왕정 국가였다가 2008년에 입헌군주제 국가가 되었어요. 국민 대다수는 티베트 불교인 라마교를 믿어요.

히말라야 산맥의 도시, 팀부

팀부는 '팀푸'라고도 불려요. 부탄에서 가장 큰 도시이자 라마교의 중심지 역할을 하는 곳이에요. 오래된 불교 사원이 많지만 1952년 수도가 되기 전까지는 그냥 작은 마을이었어요. 수도가 된 뒤에도 1966년이 되어서야 작은 발전소가 건설되면서 전기가 들어왔어

요. 지금까지 세계에서 유일하게 교통 신호가 없는 수도예요.

팀부는 해발 2,000미터 이상의 히말라야 고지대에 있어서 도시에서 바라보는 풍광이 무척 아름다워요. 멋진 풍광과 오래된 불교 사원을 보기 위해 관광객이 많이 찾는 곳이에요. 인근에 있는 해발 3,000미터의 도시 도체라에 가면 히말라야가 한눈에 들어온다고 해요.

팀부는 산악 지형이라 논밭이 많지는 않지만 계단식으로 조성된 농경지에서 벼, 옥수수, 밀 등을 재배하고 있으며, 목재도 많이 생산해요.

겨울에는 몹시 추운 이곳을 떠나 비교적 고도가 낮은 도시인 푸나카로 이동해서 생활하는 경우가 많아요.

평양

① 위치: 한반도 서북부 중앙에 위치
② 인구: 약 2,500,000명(추정)
③ 면적: 2,630㎢(서울 605㎢)
④ 수도 지위 시기: 1948년

대한민국 북쪽에 있어요. 1948년 사회주의 국가 '조선 민주주의 인민 공화국'을 수립했어요. 1953년 6·25 전쟁이 휴전한 뒤 휴전선 남쪽은 남한, 북쪽은 북한이라 부르게 되었어요. 국제 사회에서는 보통 북조선이라고 불러요. 남한과는 줄곧 냉랭하게 지내다 1991년 유엔에 함께 가입하면서 서로의 체제를 인정하고 화해를 시도하고 있어요. 핵무기 개발로 국제 사회의 비난을 받고 있는데, 최근에는 핵을 포기하려는 움직임을 보이고 있어요.

고조선과 고구려의 도시, 평양

북한 최대의 도시이자, 정치, 경제, 문화, 사회, 행정, 교육의 중심지예요. '혁명의 수도'로도 불리고 있어요.

1948년에 북한의 수도가 되었지만 오랜 역사를 자랑하는 역사 도시이기도 해요. 우리나라 최초의 국가 고조선의 수도(기원전 2333년)였고, 고구려의 두 번째 수도(427년)이기도 해요. 평양은 이때부터 고구려가 멸망할 때까지 약 240년 동안 고구려의 수도로써 정치, 경제, 문화의 중심지 역할을 했어요.

역사가 깊은 도시답게 유적과 유물이 많아요. 구석기 시대 동굴 유적인 상원군 검은모루 유적과 강동군의 청동기 시대 고인돌, 대성산 고구려 고분, 무진리 동명왕릉 등이 대표적인 유적이에요. 대동강 주변에는 모란봉, 을밀대, 만경대 등 명승지와 풍광이 뛰어난 곳이 많아요.

평양은 대륙으로 이어지는 교통의 중심지이기노 해요. 현새 평양에서 국제 철도를 타면 러시아 모스크바, 중국 베이징으로 갈 수 있답니다.

 사우디아라비아

리야드

① 위치: 사우디아라비아 중앙에 위치
② 인구: 약 8,000,000명
③ 면적: 1,554㎢(서울 605㎢)
④ 수도 지위 시기: 1932년

공식 명칭은 '사우디아라비아 왕국'이에요. 이슬람교의 발상지이고, 국민 모두가 이슬람교를 믿어요. 엄격한 이슬람 율법이 있고, 국왕이 정치, 종교, 행정을 모두 관할하는 전제 군주 국가예요. 15세기에는 터키의 지배를, 1913년부터 영국의 지배를 받다가 1927년 독립했어요. 1932년에 지금 이름이 되었어요. 국토의 대부분이 사막 지대여서 유목과 무역에 의존했는데, 1938년 석유를 생산하고 수출하면서 각종 산업이 발달하고, 부유한 나라가 되었어요.

왕국의 도시, 리야드

사우디아라비아 최대 도시이자, 수도 겸 리야드 주의 주도이기도 해요. 리야드는 '정원'이라는 뜻이에요.

1824년 이븐 사우드 가의 토르키가 제2차 와하브 왕국을 세웠을 때 리야드를 수도로 정하면서 발전하기 시작했고, 1932년에 사우디아라비아 왕국이 세워진 뒤 빠르게 발전했어요. 1930년대 이후에는 엄청난 양의 석유가 발견되면서 리야드는 아주 색다른 도시로 변했어요.

현대식 건물과 넓은 직선 도로가 생기고, 호텔, 병원, 학교 등이 들어섰어요. 새 왕궁도 짓고, 1957년에는 리야드 대학교도 문을 열었어요.

지금 리야드에서 가장 유명한 건물은 높이가 302미터에 이르는 킹덤 센터예요. 여기에는 호텔과 사무실, 쇼핑몰, 수영장, 각종 음식점, 스포츠 센터, 웨딩 센터 등이 들어서 있어요. 건물에는 다양한 색상으로 변하는 조명이 설치되어 있어 리야드의 밤을 아름답게 비추고 있어요.

 스리랑카

콜롬보

① **위치**: 스리랑카 서쪽 중앙에 위치
② **인구**: 약 750,000명
③ **면적**: 37㎢(서울 605㎢)
④ **수도 지위 시기**: 1948년

　인도 남쪽에 있는 섬나라예요. 공식 명칭은 '스리랑카 민주 사회주의 공화국'이에요. 13세기 이후 중국, 인도, 네덜란드, 영국 등 여러 나라의 지배를 받았어요. '실론'이라는 이름으로 불렸는데, 1972년 영국으로부터 완전히 독립하면서 스리랑카로 이름을 바꾸었어요. 인도 남쪽에 있어 '인도의 눈물'이라는 별칭이 있어요.

인도양 무역의 중심 도시, 콜롬보

　콜롬보는 예전부터 유럽과 중국을 이어 주는 중계 무역항 역할을 했어요. 5세기경 중국 자료에 '고랑보'로 표기될 정도로 오래전부터 알려진 곳이었어요.
　원래 작은 어촌 마을이었는데, 8세기경 아랍 상인들이 드나들면서 유럽과 아시아를 이어 주는 항구 도시로 발전했어요.

1948년 스리랑카가 영국 연방으로 독립하면서 수도가 되었어요.

1985년에 인구가 너무 많아져 '스리자야와르데네푸라코테'로 행정 수도는 옮겼지만 대통령과 총리 관저, 대법원, 중앙은행 등의 주요 기관은 아직 콜롬보에 남아 있어 실질적인 수도 역할을 하고 있어요.

콜롬보 시내에는 고층 건물은 별로 없지만 국회의사당, 옛 유엔 사무국, 시청, 대성당, 대법원, 힌두교와 불교 사원 등의 건물들은 관광객들이 많이 찾는 곳이에요.

시내에는 크리켓 경기장과 축구 경기장이 많이 있고, 콜롬보 인근 해변에서는 해수욕과 파도타기를 즐길 수도 있어요.

다마스쿠스

① **위치:** 시리아 남서부에 위치
② **인구:** 약 1,900,000명
③ **면적:** 105㎢(서울 605㎢)
④ **수도 지위 시기:** 1946년

공식 명칭은 '시리아 아랍 공화국'이에요. 북쪽으로는 터키, 남쪽은 이스라엘과 요르단, 동쪽은 이라크, 서쪽은 레바논과 닿아 있어요. 국민의 90퍼센트는 아랍인이고, 대부분이 이슬람교를 믿어요. 제1차 세계 대전 이후 프랑스의 지배를 받다가 1946년 완전히 독립했어요. 1958년에는 이집트와 연합하여 '아랍 연합 공화국'을 만들었다가 1961년 탈퇴했어요. 1970년 쿠데타로 정권을 잡은 하피즈 알 아사드가 2000년 아들에게 자리를 물려주면서 독재에 반대하는 시위가 일어났고, 2011년부터 내전이 발생하여 지금도 나라가 혼란스러워요.

세계에서 가장 오래된 도시, 다마스쿠스

기원전 3000년~2500년경 세워진 '세계에서 가장 오래된 도시'예요. '북쪽'이라는 뜻의 '앗샴'이라고 불리기도 해요. 메카, 메디나, 예루살렘과 함께 이슬람 문화의 4대 도시 중 하나예요.

아바나강을 끼고 있어서 과일, 곡식, 목화, 올리브, 담배, 석류 같은 것들이 풍부하게 재배돼요. 동쪽으로는 사막을 가로질러 아시리아와 바빌론으로 나가고, 서쪽으로는 티로를 거쳐 이집트까지 나가고, 남쪽으로는 아라비아로 이어지기 때문에 무역과 군사적 요충지 역할을 했던 곳이에요. 사막을 횡단하는 상인들은 이곳을 거쳐 다른 도시로 이동했고, 순례자들도 많이 찾았어요.

세계에서 가장 오래된 도시인 만큼 곳곳에 여러 시대의 유적이 남아 있었지만 내전으로 많이 파괴되었어요.

싱가포르

① **위치:** 말레이반도 최남단에 위치
② **인구:** 약 5,600,000명
③ **면적:** 697㎢(서울 605㎢)
④ **수도 지위 시기:** 1965년

공식 명칭은 '싱가포르 공화국'이에요. 말레이반도 남쪽 끝에 있는 섬나라예요. 국민의 4분의 3은 중국계이고, 공용어로 영어를 써요. 16세기부터 유럽 국가들의 지배를 받았고, 1946년 영국의 식민지가 되었어요. 1959년 자치권을 얻고, 1963년 독립한 말레이시아의 한 주였다가 1965년 말레이시아에서 분리 독립했어요. 독립 이후 세계적인 자유 무역항이자 아시아 금융 중심지가 되었어요.

사자의 도시, 싱가포르

수도 이름과 나라 이름이 같은 도시 국가예요. 서울보다 조금 크지만 인구는 서울의 절반 정도지요.

수마트라섬의 한 왕자가 사냥을 하다가 사자처럼 생긴 이상한 동물들이 섬으로 사라지는 것을 보고 '싱가(사자) 푸라(도시)'라고 부

른 데서 도시 이름이 유래되었어요. 그래서 '사자의 도시'라는 별명도 있어요. 싱가포르에 가면 머리는 사자, 몸은 물고기인 '머라이언' 동상을 자주 볼 수 있어요. 사자의 도시이자 항구 도시인 싱가포르를 잘 나타내는 상징이지요.

싱가포르는 지리적 이점으로 세계 최고의 교통 중심지가 되었고, 동남아시아에서 가장 큰 무역항을 가진 덕분에 세계 상업의 중심지가 되었어요.

싱가포르는 세계에서 환경이 가장 깨끗하고 법이 잘 지켜지는 도시라고 알려져 있어요. 거리를 더럽히지 않기 위해 껌을 씹거나 파는 것을 금지할 만큼 사소한 것까지 엄격하게 법을 적용하기 때문이에요.

 아랍에미리트

아부다비

① 위치: 아라비아반도 아라비아 해안에 위치
② 인구: 약 1,100,000명
③ 면적: 972㎢(서울 605㎢)
④ 수도 지위 시기: 1971년

공식 명칭은 '아랍에미리트 연방'이에요. '아랍 토후국 연합'이라고도 부르며, 약칭은 UAE예요. 아라비아반도 페르시아만을 끼고 있는 나라로, 일곱 토후국(아부다비, 두바이, 샤르자, 아지만, 움알쿠와인, 라스알카이마, 푸자이라)으로 이루어진 연방 국가예요. 페르시아만 지역은 16세기와 17세기에 걸쳐 포르투갈과 영국의 지배를 받았어요. 1971년 영국에서 독립할 때 바레인과 카타르를 제외한 일곱 개 토후국들이 연합해서 지금의 모습이 되었어요.

석유로 발전한 도시, 아부다비

아부다비 토호국의 면적은 아랍에미리트 연방의 5분의 4를 차지할 정도로 넓어요. 아부다비 토호국은 아랍에미리트 연방 중에서도 가장 영향력이 크고 만형 역할을 해요.

삼각형 모양의 아부다비섬에 있는 아부다비는 아부다비 토호국의 수도이기도 해요. 이 이름은 300년 전부터 사용되었다고 해요. 아부는 '아버지'라는 뜻이고, 다비는 영양을 뜻해요. 그러니까 '영양의 아버지' 또는 '영양을 키운 자'라는 뜻이에요. 18세기 한 토후국의 왕자가 영양의 무리를 쫓다가 영양이 많은 서식지를 발견했는데, 그곳이 바로 아부다비였다고 해요. 아부다비는 사막보다는 훨씬 환경이 좋았기 때문에 18세기 후반부터 사람들이 옮겨 왔고, 도시로 발전할 수 있었어요.

예전에는 지방의 작은 도시였는데, 아부다비 토호국이 석유를 발견해 부유해지면서 정치, 경제적으로 중요한 도시가 되었어요. 고속도로를 통해 북동쪽에 있는 두바이, 서쪽에 있는 카타르에 갈 수 있어요.

 요르단

암만

① **위치:** 요르단 북부에 위치
② **인구:** 약 4,000,000명
③ **면적:** 1,680㎢(서울 605㎢)
④ **수도 지위 시기:** 1946년

공식 명칭은 '요르단 하심 왕국'이에요. 아라비아반도 북부에 있는 입헌군주제 국가예요. 국민 대부분이 아랍인이며, 이슬람교를 믿어요. 1916년부터 영국의 지배를 받다 1946년에 독립했어요. 요르단은 고대부터 동서를 연결하는 교통의 중심지예요.

동서 교통의 중심 도시, 암만

요르단 북부 아라비아 고원의 서쪽 끝 800미터 고지에 있는 도시예요.

기원전 10세기경 성서에도 나오는 암몬족의 나라가 있었는데, 이들의 중심지였던 '라바트 암몬'이 오늘날의 암만이에요. 오래전 도시를 재건한 이집트의 왕 프톨레마이오스 필라델푸스 2세의 이름을 따서 '필라델피아'라고 불렀던 적도 있어요.

오랫동안 주목받지 못하다 1921년 트란스요르단의 수도가 되면서 도시로 발전했어요. 당시 암만의 인구는 1만 명 정도였는데, 요르단 왕국이 수립되고 나서 꾸준히 늘어 2010년에는 280만 명이 되었어요. 이후 시리아 내전으로 난민이 들어와 지금은 400만 명 이상이 사는 도시가 되었어요.

오늘날 암만은 요르단의 정치, 경제, 상업, 무역, 금융의 중심지이며, 교통 중심지이기도 해요. 예로부터 성지 메카와 예루살렘으로 가는 순례자들이 쉬었다 가는 숙박지로 알려져 있어요.

암만에는 로마 시대의 유적이 많이 남아 있는데, 6,000명이 들어갈 수 있는 원형 극장과 헤라클레스 신전, 해안에 있는 '님프의 폐허'가 유명해요.

타슈켄트

① **위치:** 우즈베키스탄 동쪽 톈산산맥 오아시스에 위치
② **인구:** 약 2,200,000명
③ **면적:** 334㎢(서울 605㎢)
④ **수도 지위 시기:** 1930년

공식 명칭은 '우즈베키스탄 공화국'이에요. '우즈베크인의 나라'라는 뜻이에요. 페르시아, 마케도니아, 이슬람, 몽골 등의 침입을 당해 여러 번 주인이 바뀌었어요. 19세기 후반에는 제정 러시아가 이곳을 침공했고, 1924년 우즈베크 소비에트 사회주의 공화국이 만들어지면서 소련(소비에트 연방)의 일원이 되었어요. 소련이 해체되면서 1991년에 소련으로부터 독립했어요. 125개 민족이 함께 사는 다민족 국가예요.

중앙아시아 최대의 공업 도시, 타슈켄트

우즈베크어로는 '토슈켄트'예요. 시베리아어로 타슈켄트는 '돌의 마을'이라는 뜻이에요.

1917년 소비에트 자치 공화국의 수도로 지정되었어요. 1924년

사마르칸트에 우즈베크 소비에트 사회주의 공화국의 수도 지위를 넘겨주었다가 1930년에 다시 수도가 되어 지금까지 이어졌어요.

타슈켄트는 동서양을 잇는 대상로 근처에 자리 잡고 있어 예로부터 중요한 교역 중심지이자 수공예 중심지로 유명했어요. 지금은 중앙아시아 최대의 공업 도시로 기계, 식료품, 전기 등의 공업이 발달해 있어요. 소련 시절에는 모스크바, 상트페테르부르크, 키예프 다음가는 인구 밀집 지역이었고, 면적으로는 세 번째로 컸어요.

타슈켄트는 중앙아시아의 중요한 경제 및 문화 중심지이기도 해요. 대학교와 연구소, 도서관 등이 들어서 있고, 오페라와 발레를 공연하는 극장이 아홉 개나 있어요.

바그다드

① **위치:** 이라크 중앙에 위치
② **인구:** 약 3,900,000명
③ **면적:** 204㎢(서울 605㎢)
④ **수도 지위 시기:** 1921년

공식 명칭은 '이라크 공화국'이에요. 아라비아반도 북동부에 있어요. 고대에는 메소포타미아로 불렸고, 세계 최초의 문명 발상지이기도 해요. 국민 대다수는 아랍인들이고, 이슬람교를 믿어요. 세계에서 두 번째로 석유 매장량이 많은 나라예요. 7세기부터 이슬람 왕조들이 다스렸고, 13세기에 몽골족에게 점령당하기도 했어요. 16세기에는 오스만 제국의 지배를 받았고, 제1차 세계 대전 중 영국에게 점령당했다가 1932년에 독립했어요. 1968년 시작된 사담 후세인의 독재 정권이 2003년 미국 침공으로 무너지고, 2006년 새로운 정부가 세워졌어요.

세계에서 가장 거대했던 도시, 바그다드

바그다드는 이라크 중부 티그리스강과 유프라테스강이 가깝게 만나는 곳에 있어요. 고대 메소포타미아에서 가장 오래된 도시였고, 오랫동안 무역로의 교차점으로 중요한 역할을 했어요.

한동안 잊혀졌던 바그다드는 762년 사라센 제국 아바스 왕조의 제2대 칼리프인 알만수르가 이곳에 수도를 건설하면서 다시 발달하기 시작했어요. 이때 바그다드는 이슬람 세계의 중심지로 화려한 문명을 꽃피웠어요. 9세기경에는 당나라 수도 장안이나 동로마제국의 수도 콘스탄티노플(현재 이스탄불)에 버금가는 세계 최대의 도시로 성장했어요. 바그다드는 해상과 육상의 통로가 되고, 아프리카, 아시아 등지의 물자가 모여서 막대한 부를 쌓았고, 정치, 예술, 문화, 종교의 중심지로 번영을 누렸어요.

현대에는 1921년 영국의 보호를 받는 이라크 왕국의 수도가 되었고, 1932년 독립한 후에도 이어졌어요. 1991년 걸프 전, 2003년 이라크 전쟁으로 입은 상처를 극복하고 있어요.

테헤란

① 위치: 이란 북부 중앙에 위치
② 인구: 약 8,800,000명
③ 면적: 730㎢(서울 605㎢)
④ 수도 지위 시기: 1788년

공식 명칭은 '이란 이슬람 공화국'이에요. 서남아시아 페르시아만 연안에 있는, 국민 모두가 이슬람교를 믿는 이슬람교 국가예요. 기원전 6세기에 건설된 고대 페르시아 제국이 이어져 1935년까지 페르시아라고 불렸어요. 제1차 세계 대전 이후 영국의 지배를 받다가 1925년 왕국으로 독립했어요. 1935년에 '아리아인의 나라'라는 뜻의 '이란'으로 이름을 바꾸었어요. 1979년 호메이니에 의해 혁명이 일어나 공화국이 되었어요.

페르시아 제국의 도시, 테헤란

엘부르즈산맥 남쪽 기슭 해발 1,200미터에 있는 도시예요. 13세기 초에 셀주크 제국의 수도인 레이가 몽골군의 침입으로 파괴된 후 이 지역으로 사람들이 몰려오면서 도시가 되었어요. 테헤란은

'산록 지대의 끝'이라는 뜻이에요.

페르시아 카자르 왕조의 아가 모하마드가 이곳에 와 1788년에 수도로 정하면서 빠르게 발전했고, 1925년 레자 샤 팔레비가 통치를 시작하면서 석유 산업이 발전하고, 도시가 크게 확장되었어요. 시 외곽에 있는 카라지강에 댐을 만들고, 전력이 풍부해져 전기, 자동차, 고무 등의 공업이 발달했어요. 또한 큰 바자르(시장)를 중심으로 일찍부터 상업도 발달했어요. 이란의 여러 도시들과 페르시아만 연안으로 철도가 연결된 교통의 중심지이기도 해요.

1977년 테헤란 시장이 서울에 왔을 때의 약속으로 서울에는 '테헤란로'가, 테헤란에는 '서울로'라는 길이 있어요.

# 예루살렘

① 위치: 이스라엘 중앙에 위치
② 인구: 약 860,000명
③ 면적: 125㎢(서울 605㎢)
④ 수도 지위 시기: 1948년

지중해 동쪽 끝에 있는 나라예요. 국민의 80퍼센트는 유대인이며, 대부분이 유대교를 믿어요. 오래전에 나라를 잃고 세계 각지에 흩어져 살고 있던 유대인들이 1948년에 조상들이 살았던 팔레스타인 지역에 이스라엘을 세웠어요. 이 때문에 먼저 이 지역에 살고 있던 아랍인들과 다툼이 생겨 전쟁까지 일어났어요.

세계 3대 종교의 성지가 된 도시, 예루살렘

기원전 3000년경에 에브스라는 부족이 성을 짓고 거주한 것이 도시의 기원이에요. 이때 도시는 '우루살림'이라고 불렸는데, 이는 '평화의 도시'라는 뜻이에요. 기원전 1000년경에 다윗 왕이 이곳을 점령하여 이스라엘 왕국의 수도로 삼았어요. 기원전 63년에 잠시 로마에게 점령당했으나 기원전 37년 헤로데스 왕이 되찾았어요.

70년경 로마가 침입해 도시를 파괴했어요. 유대인들이 헤로데스 왕이 지은 성전 벽(통곡의 벽)에 가 슬퍼하는 풍습은 이때 생겼어요.

135년 로마는 유대인들을 몰아내고, 성전을 파괴했어요. 이때부터 유대인들은 세계 각지로 흩어졌어요.

예루살렘은 유대인들에게는 오래전 조상들이 성전을 세운 곳이고, 크리스트교인들에게는 예수가 죽은 성지예요. 이슬람의 창시자 무함마드가 승천한 곳이어서 이슬람교의 성지이기도 하지요. 그래서 예루살렘은 국제법상 어느 누구의 영토도 아니에요. 이스라엘은 자신들의 수도라고 주장하고, 주변 나라들은 절대로 이를 인정하지 않는 예루살렘은 여전히 갈등의 중심에 있는 도시예요.

 인도

뉴델리

① 위치: 인도 북부에 위치
② 인구: 약 300,000명
③ 면적: 42㎢(서울 605㎢)
④ 수도 지위 시기: 1912년

공식 명칭은 '인도 공화국'이에요. 땅 넓이로는 세계 7위이고, 인구로는 세계 2위예요. 고대 인더스 문명이 일어난 곳이에요. 불교의 발상지이지만 인도 국민들은 대부분 힌두교를 믿어요. 19세기 후반 영국의 지배를 받다가 1947년 인도와 파키스탄으로 분리 독립했어요. 독립 후에는 중국과 국경 분쟁, 파키스탄과는 영토 분쟁을 벌이기도 했어요. 인도는 다양한 민족, 다양한 언어, 종교 간의 갈등, 신분 제도 등으로 많은 갈등 요소를 지닌 나라예요.

델리의 새로운 도시, 뉴델리

뉴델리는 인도의 옛 수도 델리(올드 델리) 남쪽 5킬로미터 떨어진 곳에 있어요.

19세기 후반부터 인도를 지배하던 영국은 1912년 수도를 캘커

타에서 델리로 옮기기로 결정하고, 델리 근처에 새로운 도시 뉴델리를 건설했어요. 약 20년간의 공사 끝에 근대 도시 뉴델리가 완성되었어요. 현재 올드 델리는 사람들이 많이 살고 있는 경제 중심지, 뉴델리는 관청이 많은 정치 중심지 역할을 하고 있어요.

두 도시가 속한 델리 지역은 인도의 여러 왕국들의 수도였기 때문에 과거에도 무역, 상업의 중심지 역할을 했던 곳이에요. 이 지역에는 과거 인도 제국의 모든 유적들이 분포되어 있어요.

델리에서는 쿠와트울 이슬람 사원, 무굴 제국 시기의 뛰어난 건축 양식을 보여 주는 자마 마스지드 사원과 푸라나 킬라 요새 등을 볼 수 있고, 유네스코 세계 문화유산으로 지정된 무굴 제국 후마윤 왕의 무덤도 델리를 대표하는 유적이에요.

자카르타

① 위치: 인도네시아 자바섬 북서부 해안에 위치
② 인구: 약 11,000,000명
③ 면적: 740㎢(서울 605㎢)
④ 수도 지위 시기: 1945년

공식 명칭은 '인도네시아 공화국'이에요. 동남아시아에 널리 펴져 있는 1만 3,000여 개의 크고 작은 섬들로 이루어진 세계 최대 섬나라예요. 예로부터 인도의 영향을 많이 받았고, 1602년부터 네덜란드의 지배를 받았어요. 인도네시아라는 이름은 '인도양의 섬들'이라는 뜻이에요. 1945년 네덜란드로부터 각 지역이 연방으로 독립했다가 1950년 단일 국가가 되었어요.

동남아시아의 거대 도시, 자카르타

16세기 초 이슬람 국가인 반탐은 이 지역을 점령하고 '자야카르타'라고 불렀어요. '승리의 도시, 완벽한 승리'라는 뜻이에요.

네덜란드인들에게 점령되었을 때에는 '바타비아'라고 불렀다가 네덜란드로부터 1945년에 독립하면서 마침내 자카르타라는 이름을

되찾았어요.

자카르타는 현재 동남아시아 최대의 도시이자 인도네시아의 정치, 경제, 문화의 중심지예요. 해안 도시의 이점을 살려 근대적 설비를 갖춘 항구를 건설하여 무역이 발달했어요. 현재 인도네시아 무역의 절반이 자카르타를 통해서 이루어지고 있어요.

자카르타에서는 동서양 건축 양식 모두를 볼 수 있어요. 메단메르데카, 라팡간반뎅 등의 큰 광장들은 서양 건축 느낌이 나고, 주택이나 가로수가 있는 넓은 거리, 정원 등은 동양적인 분위기예요.

식민지 시대에 지어진 대통령궁과 국립 기념탑(높이 110미터), 인도네시아 최대의 이슬람 사원 이스티클랄 사원 등은 자카르타를 대표하는 건축물이에요.

도쿄

① **위치:** 일본 혼슈 동부에 위치
② **인구:** 약 13,000,000명
③ **면적:** 2,190㎢ (서울 605㎢)
④ **수도 지위 시기:** 1868년

일본은 홋카이도, 혼슈, 시코쿠, 규슈 등 네 개의 큰 섬과 수많은 작은 섬으로 이루어진 나라예요. 독일, 이탈리아와 함께 제2차 세계 대전을 일으켜 많은 나라들을 점령했지만 1945년 히로시마와 나가사키에 원자폭탄을 맞고 연합군에게 항복했어요. 패전 이후 경제 부흥에 성공해 부유한 나라가 되었어요.

세계 최대 지하철 교통망을 가진 도시, 도쿄

일본 최대의 도시이자, 실질적인 수도예요. 세계 최대 지하철 교통망을 가졌고, 뉴욕, 런던과 함께 세계 3대 도시로 불리고 있어요.

제조업이 발달했고, 세계 게임 산업, 만화와 애니메이션 산업, 영상, 디지털 등의 중심지이지요. 많은 다국적 기업들이 본사 또는 지사를 이곳에 두기도 해요.

도쿄라고 하면 보통 황궁을 중심으로 하는 23개 구를 말하는데, 23개 구와 다마 지역, 이즈 제도, 오가사와라 제도의 3개 지역까지 함께 도쿄도로 묶여요.

도쿄를 일본의 '실질적인 수도'라고 표현하는 건 일본 법률에 '일본의 수도는 도쿄다.'라고 적은 조항이 없기 때문이에요. 그래서 어떤 사람은 예전에 수도였던 교토를 '정신적인 수도'라고 주장하기도 해요.

도쿄는 예전에 '에도'라고 불렸어요. 작은 동네였던 에도에 도쿠가와 이에야스가 '에도 막부'를 세운 후 도시로 발전했어요.

1868년 '에도를 칭하여 도쿄라고 삼음'이라는 칙서가 반포됨으로써 '동쪽의 수도'라는 뜻의 도쿄라는 이름이 처음 사용되었어요. 그러니까 도쿄라는 이름은 150년밖에 되지 않았어요. 그래도 이때 천황과 행정부가 모두 이곳으로 옮겨 온 뒤로 줄곧 도쿄는 일본의 수도이며, 정치, 경제, 사회, 문화, 외교의 중심지예요.

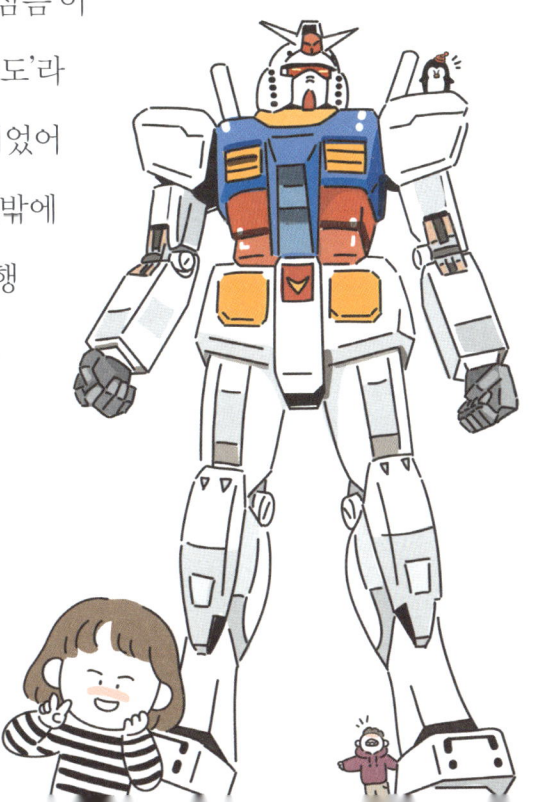

베이징

① **위치:** 중국 북동부 허베이성 중앙에 위치
② **인구:** 약 21,000,000명
③ **면적:** 16,410㎢(서울 605㎢)
④ **수도 지위 시기:** 1949년

공식 명칭은 '중화 인민 공화국'이고, 세계에서 가장 인구가 많은 나라예요. 인구 90퍼센트가 넘는 한족과 55개 소수 민족들이 살아요. 오랫동안 여러 왕조를 거쳐 1912년 왕정에서 공화국이 되었어요. 제2차 세계 대전 이후 일어난 국민당과 공산당의 내전에서 공산당이 이겨 1949년 지금의 중국을 수립했어요. 1980년대 이후 덩샤오핑이 실용주의 노선을 선택하여 빠르게 경제 성장을 이루었어요.

만리장성의 도시, 베이징

베이징은 3,000여 년의 역사를 자랑하며 수많은 고대 건축물들을 간직하고 있는 역사 도시이자, 오늘날 중국의 정치, 경제, 사회, 문화의 중심지예요. 한자로 '북경(北京)'으로 쓰는데, 이는 북쪽의 수도라는 의미예요. 옛 중국의 수도였던 '장안(현재의 서안)'의 북쪽에 있기 때문에 붙여진 이름이에요.

　베이징의 기원은 기원전 11세기 연나라의 수도 '계성'이었지만 이곳이 큰 도시가 된 것은 13세기 원나라 때 '대도성'을 세웠을 때부터예요. 14세기 명나라를 세운 주원장은 대도성을 파괴하고, 이곳 이름을 베이핑이라고 바꾸었어요. 15세기 초 명나라의 영락제가 이곳 이름을 베이징으로 바꿔 수도를 삼고 자금성을 세웠어요. 현재 베이징의 상징과도 같은 아름다운 궁이지요.

　명나라의 뒤를 이은 청나라도 베이징을 수도로 이어 받아 각지에서 오는 자원들을 바탕으로 도시를 더욱 발전시켰어요.

　청나라가 멸망한 뒤 혁명 정부 수립, 국공 내전 시기를 거쳐 중국 공산당은 1949년에 지금의 중국을 세우고, 베이징을 수도로 삼았어요.

 카타르

도하

① 위치: 카타르 동쪽 중앙에 위치
② 인구: 약 950,000명
③ 면적: 132㎢(서울 605㎢)
④ 수도 지위 시기: 1916년

공식 명칭은 '카타르국'이고, 세습군주제 국가예요. 페르시아만 연안에 있고, 사우디아라비아와 아랍에미리트와 닿아 있어요. 국민의 50퍼센트 정도가 아랍인들이고, 국민 대다수가 이슬람교를 믿어요. 오랫동안 영국의 지배를 받다가 1971년 완전히 독립했어요. 석유가 발견되면서 빠르게 경제 성장을 이루었어요. 1인당 국민총생산이 세계에서 가장 높은 나라 중 하나예요.

석유로 부자가 된 도시, 도하

카타르 전체 인구의 3분의 2가 살고 있는 카타르 최대의 도시예요. 도하라는 이름은 '큰 나무'를 뜻하는 아랍어 '앗다우하'에서 유래했어요.

1916년 카타르가 영국의 보호국이 되었을 때 도하는 수도가 되었고, 1971년 영국으로부터 완전히 독립한 후에도 이어졌어요. 20세기 초에는 어업과 진주 채취에 의존한 가난한 나라였어요. 1930년대 초 일본에서 양식 진주가 개발되면서 더 어려워졌어요.

그런데 1930년대 후반 석유가 발견되면서 카타르는 부유한 나라가 되었고, 도하는 현대식 도시로 탈바꿈했어요. 수도와 전기가 들어오고, 최신식 상업 시설과 주거 지역을 새로 만들었어요. 심해 항구에는 원양 어선도 드나들기 시작했어요.

카타르 최대의 석유 회사 등 많은 회사들의 본사가 모두 도하에 있어요. 카타르는 주변 나라에 비해 아랍인 인구 비율이 높지 않은 편인데, 도하에는 특히 외국인들이 많이 살아요. 인도, 방글라데시, 필리핀, 파키스탄에서 도하에 일하러 온 노동자들이지요.

프놈펜

① 위치: 캄보디아 중남부에 위치
② 인구: 약 1,900,000명
③ 면적: 376㎢(서울 605㎢)
④ 수도 지위 시기: 1867년

　공식 명칭은 '캄보디아 왕국'이고, 입헌군주제 국가예요. 크메르인이 국민의 대다수이며, 대부분이 불교를 믿어요. 9세기 크메르 왕국 때부터 전성기를 이루었는데, 12세기에 세워진 앙코르와트 사원이 왕국의 힘을 짐작하게 해요. 1863년부터 프랑스의 지배를 받았고, 1953년 캄보디아 왕국으로 독립했다가 1970년 쿠데타가 일어나 공화국이 되었어요. 1975년 독재자 폴 포트가 200만 명 가까운 사람들을 죽인 아픈 역사가 있어요. 1993년 유엔의 감시하에 총선거를 실시하여 다시 캄보디아 왕국을 수립했어요.

동양의 파리로 불렸던 도시, 프놈펜

　캄보디아 최대의 도시이자, 정치, 경제, 문화의 중심지예요. 메콩강과 바싹강, 톤레사프 호수가 만나는 지점에 있어서 예로부터 수자원이 풍부하고, 교역이 활발했어요.

'펜의 언덕'이라는 뜻을 가진 이름은 사원 '왓프놈'에서 유래되었어요. 옛날 '펜 부인'이라는 사람이 이 사원을 극진히 섬겼다고 해서 사원이 있는 언덕을 '프놈펜'이라고 부르게 된 거예요.

크메르 왕국의 원래 수도는 씨엠립 지역이었는데 15세기경 태국의 공격을 피하여 처음으로 프놈펜 지역으로 수도를 옮겼어요. 그 후에 베트남에게도 공격을 받아 우동으로 수도를 옮겨야 했지요.

프랑스의 지배를 받게 되면서 1867년 우동에서 프놈펜으로 수도를 옮긴 뒤, 1953년 독립한 지금까지 이어졌어요.

이곳에서는 아름다운 왕궁과 박물관, 사원 등에서 화려했던 크메르 왕국의 유물들을 볼 수 있어요.

방콕

① **위치:** 태국 중부 차오프라야강 삼각주에 위치
② **인구:** 약 8,200,000명
③ **면적:** 1,568㎢(서울 605㎢)
④ **수도 지위 시기:** 1782년

'시암'이라고 불리다가 1939년 지금 이름 '타이 왕국'으로 바꾸었어요. 타이어로 '자유'를 뜻하고, 국민 대다수인 타이족을 뜻하기도 해요. 아시아에서는 유일하게 서구 열강의 지배를 받지 않았으며, 1932년 입헌군주제 국가가 되었어요. 우리는 보통 태국으로 불러요.

천사의 도시, 방콕

방콕의 역사는 1782년 라마 1세가 현재의 톤부리에서 차오프라야강 연안으로 수도를 옮기면서 시작되었어요. 외부 침입에 방어하기 좋고, 무역하기 좋은 곳이었기 때문이에요. 이때까지만 해도 그냥 작은 마을이었지만 이후 대도시로 발전했어요.

방콕은 세계에서 가장 긴 이름을 가진 도시예요. '천사의 도시,

위대한 도시, 영원한 보석의 도시, 인드라 신의 난공불락의 도시, 아홉 개의 고귀한 보석을 지닌 장대한 세계의 수도, 환생한 신이 다스리는 하늘 위의 땅의 집을 닮은 왕궁으로 가득한 기쁨의 도시, 인드라가 내리고 비슈바카르만이 세운 도시'라는 긴 이름이에요. 태국인들은 줄여서 '천사의 도시'라고 불러요.

태국은 서구 열강의 지배를 받지 않아서 방콕에는 오랜 세월 동안 지속해 온 왕국의 문화 유적과 각종 관광 자원이 그대로 남았어요. 불교 국가인 만큼 시내에 300여 개나 되는 불교 사원들이 있어요. 에메랄드 불상이 있어서 에메랄드 사원이라고도 불리는 왓 프라깨오, 대리석으로 만든 '대리석 사원', 누운 석가상이 있는 '왓 포', 방콕에서 가장 오랜 역사를 지닌 '왓 아룬' 등이 유명해요.

 타이완

타이베이

① **위치:** 타이완 북쪽 끝에 위치
② **인구:** 약 2,700,000명
③ **면적:** 271㎢(서울 605㎢)
④ **수도 지위 시기:** 1949년

공식 명칭은 중화민국이에요. 62쪽의 중화 인민 공화국과 역사는 같지만 다른 나라라고 말해요. 하지만 중화 인민 공화국이 '하나의 중국' 원칙을 내세워서 다툼이 있어요.

타이완의 기적을 이룬 도시, 타이베이

타이완의 정치, 경제, 문화의 중심지예요. 지리적으로 동아시아 해상 교통의 중심지에 있어서 17세기부터 에스파냐, 네덜란드 등 서구 열강들이 탐냈어요. 18세기 이전까지는 고산족들이 살았는데, 18세기 초 푸젠성의 한족들이 타이베이 분지에 정착하면서 도시로 발전하기 시작했어요. 19세기 말에는 한족들의 주요한 거주지가 되었고, 이곳을 중심으로 해외 무역이 활발하게 이루어졌어요.

청일 전쟁에서 청나라가 져서 1895년 타이완은 일본의 영토가 되었어요. 이때 타이베이는 '다이호쿠'라고 불렸고, 타이완 총독부의 중심 도시가 되었어요. 제2차 세계 대전이 끝나고 공산당에게 패한 장제스의 국민당 정부가 옮겨 오면서 중화민국의 수도가 되었어요.

이후 빠르게 성장한 타이베이는 1960년대에 첨단 제품을 생산하는 공업 도시가 되었어요. 섬유, 전자, 기계, 전기, 냉동, 선박, 고무, 수공예 등 다양한 제조업 공장들이 이곳에 있지요.

 터키

앙카라

① **위치:** 터키 북부 중앙에 위치
② **인구:** 약 4,500,000명
③ **면적:** 2,516km²(서울 605km²)
④ **수도 지위 시기:** 1923년

공식 명칭은 '터키 공화국'이에요. 국민의 80퍼센트가 터키인이고, 대다수가 이슬람교를 믿어요. 이곳은 16세기에 아시아, 아프리카, 유럽에 이르는 대제국이었던 오스만 제국의 본거지예요. 제1차 세계 대전에서 진 뒤 1923년 케말 파샤의 혁명으로 공화국이 되었어요. 지리적 위치 덕분에 역사적으로 동방과 서방의 문화를 연결하는 교차로 역할을 했던 나라예요.

터키 공화국의 도시, 앙카라

옛날에는 '앙고라'라고 불렸어요. 아나톨리아 고원 전역을 동서로 관통하는 통로에 있어서 일찍부터 도시가 발달했어요. 알렉산더 대왕과 로마 제국의 지배를 받았던 적도 있어서 지금도 로마 제국 지배 시기 신전과 목욕탕 등의 유적이 남아 있어요.

제1차 세계 대전 후에는 케말 아타튀르크가 이곳을 오스만 제국 정부와 그리스 침략군에 저항하는 저항 운동의 중심지로 삼았어요. 그리고 마침내 1923년 터키 공화국이 수립되면서 수도가 되었어요.

수도가 된 뒤 이곳은 근대적인 도시로 발전했어요. 주로 행정적인 기능을 담당하는 도시이지만 이스탄불에 이어 터키 제2의 공업 도시이기도 해요. 포도주, 밀가루, 우유, 시멘트, 건축 자재, 트랙터 등을 생산하는 공장들이 들어서 있고, 근래에는 서비스업과 관광 산업도 발달하고 있어요.

구시가지에는 로마, 비잔틴, 오스만 제국 시대의 유적과 많은 사원, 박물관, 바자르(시장) 등이 밀집해 있고, 신시가지에는 국회의사당을 비롯해서 관공서, 호텔, 은행, 오페라하우스, 대학 등 근대적 건축물들이 들어서 있어요.

 파키스탄

이슬라마바드

① **위치:** 파키스탄 북동쪽에 위치
② **인구:** 약 1,400,000명
③ **면적:** 906㎢(서울 605㎢)
④ **수도 지위 시기:** 1967년

공식 명칭은 '파키스탄 이슬람 공화국'이에요. 18세기에 이 지역은 인도의 일부였어요. 1947년 인도가 영국에서 독립할 때 파키스탄도 독립했어요. 이때 파키스탄은 인도를 사이에 두고 서파키스탄과 동파키스탄으로 분리되어 있었어요. 동파키스탄에 살고 있던 벵골인들의 자치 요구가 높아지면서 1972년 동파키스탄은 방글라데시가 되고, 서파키스탄은 지금의 파키스탄이 되었어요.

이슬람의 도시, 이슬라마바드

파키스탄 북동부에 있어요. 수도이긴 하지만 파키스탄 최대 도시인 '카라치'나 '라호르'에 비하면 그다지 큰 도시는 아니에요.

'이슬라마바드'에서 '아바드'는 '도시'를 뜻해요. 그러니까 이슬라마바드는 '이슬람의 도시'라는 뜻이지요.

예전 수도는 현재 파키스탄 최대 도시인 카라치였어요. 카라치는 파키스탄 최대의 무역항이자 증권 거래소가 있는 경제의 중심지예요. 지금 세계에서 세 번째로 인구가 많은 도시이기도 해요.

파키스탄 정부는 국토 균형 발전을 위해 새로운 수도를 찾았어요. 위치나 기후, 정부를 방어하기에 유리한 조건을 갖춘 곳이 바로 이슬라마바드였어요.

이슬라마바드는 이슬람 건축 양식과 현대적 양식의 조화에 초점을 맞춰 설계되었어요.

1966년 도시가 완성되면서 대통령궁과 행정부가 옮겨 왔고, 이슬라마바드는 파키스탄의 정치 중심지가 되었어요.

이슬라마바드는 계획 도시답게 편리한 시설들이 잘 갖추어져 있고, 쾌적한 기후를 지닌 덕분에 살기 좋은 도시가 되었어요.

찰칵

 필리핀

마닐라

① **위치:** 필리핀 루손섬 남서부에 위치
② **인구:** 약 12,000,000명
③ **면적:** 613㎢(서울 605㎢)
④ **수도 지위 시기:** 1946년

아시아 대륙 남동 해안, 서태평양에 있는 섬나라예요. 7,000여 개의 섬들로 이루어진 이 나라의 공식 명칭은 '필리핀 공화국'이에요. 14세기부터 에스파냐의 지배를, 19세기 후반부터는 미국의 지배를 받았어요. 제2차 세계 대전 중에 일본의 지배를 받았고, 1946년 독립했어요. 국민 대다수가 로마 가톨릭교를 믿어요.

아시아 무역의 거점 도시, 마닐라

우리가 보통 필리핀의 수도라고 말하는 마닐라는 정확히 말하면 '메트로 마닐라'예요. 메트로 마닐라 안에는 열여섯 개의 시와 한 개의 읍이 있어요.

마닐라는 가장 큰 섬인 루손섬 서부 해안, 파직강의 삼각주에 양쪽으로 걸쳐져 있어요. 특히 파직강은 바이 호수를 마닐라만과 중국 남해와 이어 주지요. 마닐라만은 세계에서 가장 좋은 항만 중 하나로 알려져 있지요.

메트로 마닐라를 구성하는 각 시들은 1976년 새로운 수도 메트로 마닐라가 새롭게 구성되면서 모두 그 안에 포함되었어요. 그 전에는 마닐라시와 케손시가 필리핀의 수도였어요.

16세기 후반에 이미 마닐라는 무역의 거점이었어요. 19세기 후반에는 마닐라항이 개항하면서 국제 무역의 중심지가 되고, 점차 도시가 커져 19세기 말에는 인구 20만 명 이상이 사는 대도시가 되었어요.

제2차 세계 대전 중에는 일본군에게 점령되어 도심의 80퍼센트가 파괴되기도 했어요. 하지만 곧바로 복구하여 빠른 속도로 경제 성장을 이루었어요. 식품 가공업과 섬유, 페인트, 약품, 구두, 담배, 비누, 목재 등 제조업이 활발하고, 많은 은행과 주요 보험 회사들도 모두 마닐라에 밀집해 있어요.

2

유럽의 나라와 수도

유럽은 유라시아 대륙 서쪽에 있는 대륙이에요. 여섯 대륙 중 두 번째로 면적이 좁은데, 가장 좁은 대륙인 오세아니아 대륙보다는 약간 더 넓은 정도지요.

유럽은 북쪽으로는 북극해와 경계를 이루고, 서쪽에 대서양, 남쪽에는 지중해가 있어요. 동쪽으로는 우랄 산맥, 카스피해, 캅카스산맥, 흑해, 보스포루스 해협을 사이에 두고 아시아 대륙과 경계를 이루고 있어요.

유럽 대륙에는 약 50여 개의 국가가 있는데, 면적에 비해 많은 나라가 모여 있고, 또 많은 인구가 살고 있기 때문에 전체적으로 인구 밀도가 높은 편이에요. 아시아와 아프리카 다음으로 인구가 많아요. 하지만 우랄 산맥에서 유럽 남부 피레네 산맥까지 광대한 평야가 펼쳐져 있어 다른 대륙에 비해 경제력이 높은 편이에요.

유럽은 서구 문화의 기원인 고대 그리스 문화와 로마 문화가 발생한 곳이에요. 15세기 이후부터는 전 세계에 그 영향력을 넓히며, 아메리카, 아시아, 아프리카 등을 지배하기도 했어요. 또, 정치, 경제, 사회, 문화적 측면에서도 다른 대륙을 선도하는 역할을 했지요.

'유럽'의 어원은 고대 그리스 신화에 나오는 페니키아의 공주 '에우로페(Europe)'에서 유래되었어요. 신화에 의하면 에우로페는 황소로 변한 제우스에게 납치되어 크레타섬으로 끌려 간 뒤, 그곳에서 제우스의 세 아들을 낳았다고 해요. 아들 중 한 명은 나중에 크레타섬을 통치하는 미노스 왕이에요.

한편, 에우로페라는 이름은 고대 그리스어의 '넓다'는 뜻과 '시각 또는 얼굴'이라는 뜻이 합쳐져서 만들어진 것으로, '넓은 시각을 가진 여인'이라는 뜻을 지닌 이름이라는 학설이 있어요. 또, 에우로페는 아카드어로 '내려가다, 해가 지다'라는 뜻과 페니키아어의 '저녁, 서쪽'이라는 뜻을 지닌다는 학설도 있지요.

유럽은 크게 북유럽, 서유럽, 중부 유럽, 동유럽, 남유럽으로 나

낙농업의 나라 덴마크.

눌 수 있어요. 북유럽은 유럽의 북쪽 지역을 말하는데, 대표적인 나라가 노르웨이, 스웨덴, 덴마크, 핀란드, 아이슬란드 등이에요. 북유럽 국가들은 대부분 높은 경제력을 바탕으로 사회 보장 제도가 잘 갖추어졌어요. 삶의 질과 교육의 질 모두 높은 편이지요.

서유럽은 유럽의 서쪽 지역을 말하는데, 냉전 시대 공산주의 진영의 동유럽과 비교하여 자본주의 체제의 서구 진영을 의미하는 이름으로 사용되기도 했어요. 지리적으로 서유럽에는 평야가 많고, 1년 내내 강한 편서풍이 불어서 알맞은 강수량과 온화한 기후가 나타나는 곳이에요. 석탄을 비롯한 지하자원이 풍부하여 다른 지역에 비해 일찍 산업 혁명이 일어났고, 경제적으로도 빠른 성장을 이루었어요. 또, 근대 민주주의와 자본주의의 발상지이기도 해요. 대표적인 나라는 영국, 프랑스, 독일, 네덜란드, 벨기에, 룩셈부르크 등이에요.

중부 유럽과 동유럽은 유럽 동쪽 지역을 말하는데, 대체로 과거 소련의 영향권 아래에 있었던 공산주의 국가들이 이 지역에 속해요. 서유럽과 마찬가지로 지리적 개념도 있지만 정치, 역사적으로 서유럽에 비교되는

의미로 사용된 이름이기도 해요. 대표적인 나라는 러시아, 체코, 헝가리, 폴란드, 오스트리아 등이에요.

남유럽은 유럽의 남쪽 지역을 말하는데, 햇볕이 강한 지중해성 기후 덕에 포도, 올리브 등의 과수 농업과 원예업이 발달한 곳이에요. 그리스와 로마 문화의 발상지이기도 해요. 대표적인 나라는 그리스, 이탈리아, 에스파냐, 포르투갈과 발칸반도의 국가들이에요.

 그리스

아테네

① **위치:** 그리스 중부 아티카 지방에 위치
② **인구:** 약 3,100,000명
③ **면적:** 412㎢(서울 605㎢)
④ **수도 지위 시기:** 1834년

공식 명칭은 '그리스 공화국'이에요. 국민 대다수가 그리스인이고, 그리스정교를 믿어요. 유럽 문화의 발상지로, 기원전 8~9세기경에는 아테네와 스파르타를 중심으로 도시 국가들이 번성했어요. 로마와 오스만 제국의 지배를 받다가 1830년 왕국으로 독립했어요. 이후 국가 체제가 공화국, 왕국, 공화국으로 바뀌는 등 정치적으로 혼란한 시기를 겪었어요.

신화의 도시, 아테네

아테네라는 이름은 이 도시의 수호신이자 지혜의 여신, 전쟁의 여신인 '아테나'에서 따 왔어요. 그리스 신화에서 아테나 여신은 바다의 신 포세이돈과 경쟁하여 아테네가 있는 아티카 지역을 차지했어요. 도시의 이름이 될 만하지요.

아테네에는 기원전 11세기경에 사람들이 살았던 흔적이 있을 만큼 역사가 오래되었어요. 그리스의 여러 도시 국가 중 아테네는 가장 큰 폴리스였어요. 이때 아테네는 예술, 철학, 학문의 중심지였고, 소크라테스, 플라톤, 아리스토텔레스, 페리클레스, 소포클레스 등 많은 위인들을 배출했어요.

아테네는 서구 문명의 발상지인 만큼 고대의 신전 등 유적이 많아요. 파르테논 신전은 아테나 여신을 위해 세운 신전인데, 서구 문명의 기념비적 건물, 그리스 건축물 중 최고의 건물이라는 찬사를 받아요. 이 밖에도 신화에 나오는 여러 신들의 신전과 고대에 지어진 많은 야외 극장들은 고대 아테네의 모습을 짐작하게 하는 유적들이에요.

아테네는 1830년 독립 왕국이 수립되고 난 뒤, 1834년 공식적으로 그리스의 수도가 되었어요.

 네덜란드

암스테르담

① **위치:** 네덜란드 서부 노르트홀란트주에 위치
② **인구:** 약 840,000명
③ **면적:** 219㎢(서울 605㎢)
④ **수도 지위 시기:** 1648년

공식 명칭은 '네덜란드 왕국'이에요. 국민 대다수는 네덜란드인이고, 가톨릭교와 개신교를 믿어요. 국토의 4분의 1이 해수면보다 낮아서 예로부터 간척 사업과 토지 개량 사업을 했고, 낙농업과 원예업이 발달했어요. 1515년부터 에스파냐의 지배를 받았는데, 1568년부터 독립 운동을 해 '30년 전쟁'이 끝난 1648년 독립했어요. 무역 강국이면서 선진 공업국이에요.

아름다운 운하의 도시, 암스테르담

네덜란드 최대의 도시이자, 경제, 문화의 중심지예요. 행정 분야는 이웃 도시 헤이그가 담당해요.

암스테르담은 1,000여 개의 다리로 연결된 90여 개의 섬으로 이루어져 있어, '운하의 도시', '북부의 베네치아'로 불리기도 해요.

1170년경 아주 큰 홍수가 난 뒤, 암스텔강 하구에 다리와 댐을 건설하면서 마을이 생겼어요. 암스테르담은 여기에서 유래된 이름이에요.

암스테르담은 14세기경 도시로 발전했고, 무역업이 발달해 번영을 누리기 시작했어요. 16세기를 거치며 중요한 무역항으로 발전했고, 17세기에 네덜란드가 동인도 회사와 서인도 회사를 설립하여 아시아 무역을 독점하면서 암스테르담은 세계 무역의 중심지, 세계 최대의 상업 도시, 금융의 중심지가 되었어요.

암스테르담은 운하의 도시답게 운하를 이용한 관광업이 발달했어요. 시의 중심은 여러 개의 운하로 둘러싸인 부채꼴 모양인데, 반원형의 구시가지는 크고 작은 운하가 사방으로 뻗어 있어 관광객들의 눈길을 사로잡아요. 암스테르담 운하는 유네스코 세계 문화유산으로 지정되어 있어요.

오슬로

① **위치**: 노르웨이 남동쪽에 위치
② **인구**: 약 650,000명
③ **면적**: 454㎢(서울 605㎢)
④ **수도 지위 시기**: 1905년

공식 명칭은 '노르웨이 왕국'이에요. 국민의 대부분은 노르웨이인이에요. 루터교가 헌법상 국교로 정해져 있지만 종교의 자유를 인정해요. 9세기경 통일 왕국을 수립했지만 14세기부터 19세기까지 덴마크의 지배를 받았어요. 1814년부터는 스웨덴의 지배를 받다 1905년 독립했어요. 노르웨이는 석유, 천연 가스, 석탄, 목재 등이 풍부하여 세계 3위의 천연 가스, 세계 5위의 석유 수출국이기도 해요.

피오르의 도시, 오슬로

노르웨이 남동쪽 오슬로 피오르 끝 부분에 있는 오슬로는 노르웨이 최대의 도시이자, 정치, 경제, 문화의 중심지예요.

오슬로는 1048년 바이킹 왕 하랄드에 의해 건설되고, 1300년경 호콘 5세가 이곳에 아케르스후스 요새를 세우면서 이 나라의 수도로 정해졌어요.

　1624년 화재로 도시 전체가 파괴되자 덴마크 왕 크리스티안 4세는 도시를 아케르스후스 성채 옆으로 옮길 것을 명령했어요. 그리고 자신의 이름을 따 도시 이름을 '크리스티아니아'라고 불렀어요.

　이후 크리스티아니아는 점점 발전했고, 1905년 마침내 독립했을 때, 노르웨이 왕국의 공식적인 수도가 되었어요. 1925년에는 원래 이름 '오슬로'로 돌아왔고요.

　해안에 있는 오슬로 시청사에서는 오슬로 피오르를 한눈에 볼 수 있어요. 두 개의 탑을 가진 아름다운 시청사는 안팎 벽이 노르웨이를 대표하는 예술가들의 그림과 조각으로 장식되어 있어요. 오슬로 시청사는 매년 12월 노벨 평화상 시상식이 거행되는 장소로도 유명해요.

코펜하겐

① **위치:** 덴마크 동부 셸란섬에 위치
② **인구:** 약 600,000명
③ **면적:** 86㎢(서울 605㎢)
④ **수도 지위 시기:** 1445년

공식 명칭은 '덴마크 왕국'이에요. 국민 대부분은 덴마크인이며, 루터교가 국교로 정해져 있어요. 덴마크는 9세기경 독립 국가를 이루었고, 13세기경에는 북유럽 전체를 지배했어요. 16세기에 스웨덴을 잃었고, 19세기에는 노르웨이를 잃으면서 국력이 약해졌어요. 낙농업이 유명하고, 식료품, 철강, 화학, 기계 공업 등이 발달했어요. 세계에서 가장 먼저 사회 보장 제도를 법으로 정한 나라예요.

안데르센과 인어 공주의 도시, 코펜하겐

셸란섬의 동쪽 해안에 있으며, 2000년에 다리를 세워 스웨덴의 말뫼와 이어져 있어요.

코펜하겐은 덴마크어로 '상인의 항구'라는 뜻을 지닌 '쾨벤하운'에서 유래된 이름이에요. 작은 마을이었던 코펜하겐 해안에 1167년

　로스킬레의 주교 압살론이 성과 성벽을 만들고 요새화하여 육지와 해상 교통의 중심지가 되었어요.

　1445년 수도가 되었는데, 종교 개혁으로 인한 갈등으로 자주 약탈당했어요. 16세기 후반부터 무역업이 활발하게 이루어졌고, 이때부터 코펜하겐은 확장되고 발전하며 현재까지 이어졌지요.

　코펜하겐은 시내 곳곳에 녹지가 많으며, 유서 깊은 궁전과 교회 등 오래된 건축물이 많아 유럽에서도 아름다운 도시로 손꼽혀요. 안데르센의 동화에 나오는 인어 공주 동상도 코펜하겐의 명물 중 하나예요. 많은 궁전 중 17세기에 건립된 카를로텐보르 궁전은 현재는 왕립 미술 협회로 쓰이고 있고, 해안 가까이에 있는 아말리엔보르 궁전은 현재 국왕이 살고 있어요.

베를린

① **위치:** 독일 동부에 위치
② **인구:** 약 3,600,000명
③ **면적:** 891㎢(서울 605㎢)
④ **수도 지위 시기:** 1871년

공식 명칭은 '독일 연방 공화국'이에요. 국민의 대다수는 게르만족이며, 가톨릭교와 개신교를 믿어요. 9세기 프랑크 왕국과 10세기 신성 로마 제국을 거쳐, 1871년 프로이센이 통일된 독일 제국을 수립했어요. 제1, 2차 세계 대전을 일으키고 모두 패했으며, 그로 인해 1949년 동독(독일 민주 공화국)과 서독(독일 연방 공화국)으로 분리되었어요. 1989년 동독이 무너지고 1990년 통일을 이루었어요.

동서독 통일의 도시, 베를린

도시 이름은 '베를라인'이라는 말에서 유래되었는데, '아기 곰'이라는 뜻이에요. 곰은 베를린의 상징이기도 해요.

베를린은 12세기부터 도시가 형성되기 시작했고, 15세기경에는 브란덴부르크주의 중요한 도시로 성장했어요. 1701년에는 프리드리히 1세가 베를린을 프로이센 왕국의 수도로 삼았고, 1871년 통일된 독일 제국의 수도가 되었어요.

제2차 세계 대전이 끝나고 독일이 동독과 서독으로 분단되었을 때, 동독의 수도는 베를린, 서독의 수도는 본이었어요. 옛 독일 제국의 수도였던 베를린도 동베를린, 서베를린으로 분단되었어요. 도시 한가운데 두터운 콘크리트 장벽을 쌓아 동서로 나누었지요. 동독과 서독 분단의 상징, 냉전의 상징이었지만 독일이 통일된 지금은 깨어진 장벽 콘크리트 조각이 평화의 상징이기도 해요.

1990년 독일이 통일되자 수도는 베를린으로 정해졌지요. 하지만 통일된 독일의 연방 정부가 일시에 베를린으로 옮길 수는 없었어요. 공식적인 독일의 수도는 베를린이지만 수도 기능은 베를린과 본이 나누어 수행하고 있어요.

모스크바

① 위치: 러시아 서부에 위치
② 인구: 약 12,000,000명
③ 면적: 2,511㎢(서울 605㎢)
④ 수도 지위 시기: 1918년

공식 명칭은 '러시아 연방'이에요. 세계에서 가장 영토가 넓어요. 1917년 혁명으로 왕정이 무너지고, 1922년 세계 최초로 사회주의 국가가 되었어요. 1991년 소비에트 사회주의 연방(소련)이 무너질 때 러시아를 중심으로 '독립 국가 연합'을 구성했어요. 국민 대부분은 러시아인이고, 대다수가 러시아 정교를 믿어요. 오랫동안 경제가 침체되었다가, 2000년 이후 석유 수출로 경제가 살아나고 있어요.

유럽 최대의 도시, 모스크바

영어식 이름은 '모스코'예요. 이름은 도시 곁을 흐르는 모스크바 강에서 따왔어요. 러시아 최대의 도시이자, 유럽에서 인구가 가장 많은 도시예요.

1147년 수즈달의 돌고루키 공이 모스크바에서 동맹자인 세베르스키 공을 위해 연회를 열었다는 기록이 이곳과 관련된 가장 오래된 기록이에요. 그래서 1147년을 도시의 기원으로 봐요. 돌고루키 공은 1156년경 모스크바에 요새를 세웠는데, 이것이 현재 러시아의 상징이 되고 있는 크렘린 궁의 기원이에요.

이후 블라미디르-수즈달 공국의 무역 중심지가 되면서 주요 도시로 성장했어요. 13세기 후반 다닐 공이 모스크바 지역을 차지하면서 모스크바 공국을 세웠어요.

러시아 정교의 본부가 된 모스크바 대공국이 15세기에 러시아를 통일하면서 러시아의 수도가 되었어요.

1712년 수도가 상트페테르부르크로 옮겨졌다가 1917년 일어난 혁명으로 1918년 다시 러시아의 수도가 되었고, 1922년 소련의 탄생과 함께 소련의 수도가 되었어요. 1991년 소련이 해체된 후에는 러시아 연방의 수도로 지금까지 이어지고 있어요.

 루마니아

부쿠레슈티

① **위치**: 루마니아 남부에 위치
② **인구**: 약 1,800,000명
③ **면적**: 228㎢(서울 605㎢)
④ **수도 지위 시기**: 1862년

발칸반도에서 가장 넓은 나라예요. 루마니아는 '로마인의 언어를 사용하는 사람과 땅'이라는 뜻이에요. 오랫동안 오스만 제국의 지배를 받다가 1881년 루마니아 왕국으로 독립했어요. 1948년 소련의 위성 국가가 되면서 소련의 통치를 받았어요. 1989년 민주화 운동이 일어나 공산주의 정권은 무너졌고, 1990년 총선거를 실시하여 민주화를 이루었어요. 루마니아는 소설 《드라큘라》의 배경이 되는 나라이기도 해요.

동유럽의 파리로 불리는 도시, 부쿠레슈티

부쿠레슈티는 '즐거운 도시'라는 뜻이에요. '부쿠르'라는 양을 사육한 데서 이름이 유래되었다고 보기도 해요. 실제 예전부터 목초지가 발달하여 많은 양을 사육했어요.

루마니아에는 세 공국, 중서부의 트란실바니아 공국, 남부의 왈라키아 공국, 동부의 몰다비아 공국이 있었지요.

왈라키아 공국의 수도는 원래 트르고비슈테에 있었는데 오스만 제국은 1659년 부쿠레슈티로 수도를 정했어요. 작은 마을에 불과했던 부쿠레슈티가 수도가 된 뒤 사람들이 모여들면서 대도시로 발전했어요.

왈라키아 공국과 몰다비아 공국은 통합해 1862년 루마니아 연합 공국이 성립되었어요. 부쿠레슈티는 통합된 루마니아 연합 공국의 수도가 되었고, 1881년 루마니아 왕국으로 독립했을 때에도 이어졌어요. 이후 부쿠레슈티는 빠르게 성장하여 동유럽의 파리라는 별칭을 얻었어요.

브뤼셀

① 위치: 벨기에 중앙에 위치
② 인구: 약 1,200,000명
③ 면적: 161㎢(서울 605㎢)
④ 수도 지위 시기: 1831년

공식 명칭은 '벨기에 왕국'이에요. 원래 네덜란드의 한 지역이었는데, 16세기 일어난 네덜란드 독립 전쟁 이후 떨어져 나왔어요. 1793년 프랑스에게 점령당했다가 나폴레옹 전쟁이 끝난 1815년에는 다시 네덜란드 연합 왕국과 합쳤어요. 하지만 개신교와 가톨릭 간 종교적 갈등 때문에 네덜란드로부터 독립했어요. 네덜란드어와 프랑스어를 사용하고, 국민 대다수가 가톨릭교를 믿어요.

유럽 연합의 수도가 된 도시, 브뤼셀

벨기에의 수도이자, EU 본부가 있는 유럽 연합의 수도예요.

브뤼셀은 브뤼셀 시를 포함하여 19개의 지방 자치구가 합쳐진 도시예요. 그래서 공식 명칭은 '브뤼셀 수도권 지역'이에요.

브뤼셀은 10세기경 프랑크 왕국 카롤루스 대제의 후손이 세운 작은 도시에서 출발했어요. 12세기경에는 도로 건설로 다른 도시들과 연결되면서 상업 도시로 발달했어요.

　브뤼셀은 14세기에 브라반트 공국의 수도였다가, 17세기에 에스파냐의 지배를 받으면서 에스파냐령 네덜란드의 수도가 되었어요. 1830년에 일어난 혁명으로 네덜란드에서 독립했고, 1831년 마침내 독립된 벨기에 왕국의 수도가 되었어요.

　브뤼셀은 유럽연합, 북대서양 조약 기구 등 국제기구가 많이 있는 국제적인 도시예요.

　서쪽의 상업 지역에는 '그랑 플라스' 광장을 중심으로 상점들이 많아요. 광장 근처에는 브뤼셀의 상징이 된 '오줌싸개 소년' 청동상이 있어요. 이 지역에는 중세 도시의 모습이 고층 건물들과 함께 있어요.

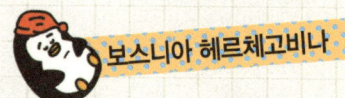 보스니아 헤르체고비나

사라예보

① **위치**: 보스니아 헤르체고비나 중부에 위치
② **인구**: 약 310,000명
③ **면적**: 141㎢(서울 605㎢)
④ **수도 지위 시기**: 1992년

　오랫동안 오스만 제국의 지배를 받다가 19세기에 오스트리아-헝가리 제국의 일원이 되었어요. 1946년 북부의 보스니아와 남부의 헤르체고비나가 합쳐져서 유고슬라비아 사회주의 연방 공화국이 되었지만 보스니아, 세르비아, 크로아티아 세 민족 사이에 내전이 일어나 오랫동안 혼란스러웠어요. 다행히 1995년에 평화 협정이 체결되어 지금의 나라가 되었어요.

아픔과 화합의 도시, 사라예보

　도시 이름은 터키어로 '보스니아의 궁전'이라는 뜻을 지닌 '사라이보스나'에서 유래되었어요. 여기에 '평야'라는 뜻을 지닌 슬라브어와 합쳐져서 '사라예보'가 되었어요.
　1461년 오스만 제국이 이 지역을 점령하고 도시를 건설했어요.

사라예보의 도시로서의 기원은 이때라고 볼 수 있지요. 사라예보는 오스만 제국의 적극적인 도시 개발로 16세기경에는 상업과 수공업 중심 도시로 성장했어요. 오스만 제국 전성기 때에는 제국의 수도였던 이스탄불 다음가는 도시로 발전했어요.

1914년 오스트리아-헝가리 제국의 프란츠 페르디난트 황태자 부부가 사라예보에 왔다가 세르비아 청년에게 암살당한 '사라예보 사건' 때문에 제1차 세계 대전이 발발했어요. 여기에 이어 제2차 세계 대전까지 겪었지요.

사라예보는 1992년 보스니아헤르체고비나가 유고슬라비아 연방에서 독립했을 때 수도가 되었고, 지금까지 이어졌어요. 이제는 모든 아픔을 극복하고 빠른 속도로 성장하여, 많은 관광객들이 찾는 도시가 되었어요.

 불가리아

소피아

① 위치: 불가리아 서부 소피아 분지에 위치
② 인구: 약 1,300,000명
③ 면적: 1,348km²(서울 605km²)
④ 수도 지위 시기: 1879년

공식 명칭은 '불가리아 공화국'이에요. 국민 대부분은 불가리아인이고, 대다수가 불가리아 정교를 믿어요. 3세기경 로마 제국의 지배를, 14세기부터는 오스만 제국의 지배를 받았어요. 1878년 러시아-투르크 전쟁 이후 자치 공국이 되었고, 1908년 불가리아 왕국으로 독립했어요. 1946년에 세워진 사회주의 정권이 1989년 동유럽 민주화의 영향으로 무너지고, 1990년 불가리아 공화국으로 바뀌었어요.

녹색의 도시, 소피아

터키 이스탄불과 세르비아 베오그라드를 연결하는 교통의 중심지예요. 분지에 있어서 대기오염이 심하지만 경치가 아름답고, 공원과 녹지가 많아서 '녹색의 도시'라는 별칭을 얻었어요.

3세기경 로마 제국이 이곳을 점령하여 '세르디카'라고 불렀어요.

로마 제국 시기 세르디카는 점점 더 확장되고 발전하여 교통의 요지, 군사적 요충지가 되었어요.

로마 유스티니아누스 황제의 병약한 딸 소피아는 온천 도시 세르디카에서 요양한 뒤 건강을 되찾았어요. 소피아는 그에 대한 고마움으로 이 도시에 교회를 세웠고, 그 후 세르디카는 소피아라는 이름을 얻었어요.

불가리아 제1왕국의 주요 요새였던 소피아는 불가리아 왕국이 멸망한 뒤로는 오랫동안 비잔틴 제국과 오스만 제국의 전략적 요충지였어요. 이곳은 제국들이 유럽으로 향하는 길목이었거든요.

소피아는 기나긴 외세의 지배 끝에 1879년 불가리아 자치 공국의 수도가 된 뒤, 지금까지 이어지고 있어요.

 세르비아

베오그라드

① **위치:** 세르비아 중부에 위치
② **인구:** 약 1,200,000명
③ **면적:** 360㎢(서울 605㎢)
④ **수도 지위 시기:** 1918년

공식 명칭은 '세르비아 공화국'이에요. 국민 대부분은 세르비아인이고, 대다수가 세르비아 정교를 믿어요. 1918년 다른 슬라브 민족들과 함께 세운 '세르비아-크로아티아-슬로베니아 왕국'이 1929년 '유고슬라비아 왕국'이 되었어요. 제2차 세계 대전 후에는 유고슬라비아 사회주의 연방 공화국이 되었으나, 1992년 연방이 해체되면서 몬테네그로와 함께 신유고슬라비아 연방을 결성했어요. 2006년 몬테네그로가 독립하고 세르비아 공화국이 되었어요.

수없이 무너지고 다시 일어선 하얀 도시, 베오그라드

도나우강과 그 지류인 사바강이 만나는 지점에 있어요. 유럽과 발칸 제국 사이 중요한 세 개의 길이 만나는 지점에 있어서 예로부터 수많은 민족들이 탐냈어요. 기원전 3세기경 켈트족이 이곳을 점령하면서 도시로 발전하기 시작했어요. 이후 로마인들이 이곳을 점령하여 '싱기두눔'이라고 불렀어요.

베오그라드는 '하얀 도시'라는 뜻인데, 흰색 건물이 많아서 붙여진 이름이에요.

베오그라드는 중세 시대에도 여러 왕국의 지배를 받았고, 14세기 후반부터는 오스만 제국의 침입을 받았어요. 1521년 오스만 제국은 이곳을 점령하여 제국의 중심 도시로 삼았어요. 하지만 곧 이곳은 오스만 제국과 오스트리아 합스부르크 왕가가 세르비아를 두고 싸우는 전쟁터가 되어 버렸어요. 수없이 파괴되고 다시 세우기를 반복했지요. 지금까지 베오그라드에서는 100여 차례의 전투가 벌어져 40여 차례나 도시가 파괴되었다고 해요. 1918년 발칸반도에 세르비아-크로아티아-슬로베니아 왕국이 건국되면서 베오그라드가 수도가 된 뒤 지금까지 이어졌어요.

스톡홀름

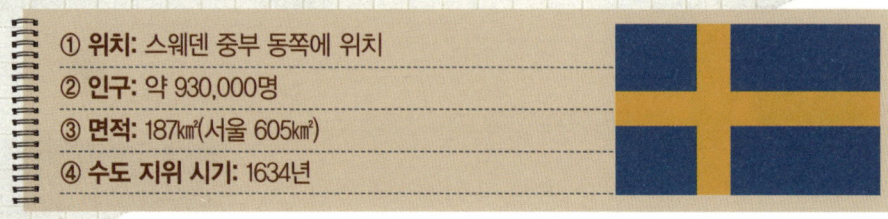

① 위치: 스웨덴 중부 동쪽에 위치
② 인구: 약 930,000명
③ 면적: 187㎢(서울 605㎢)
④ 수도 지위 시기: 1634년

공식 명칭은 '스웨덴 왕국'이에요. 대부분의 국민은 게르만족 스웨덴인이고, 대다수가 루터교를 믿어요. 14세기 말에 이웃나라 덴마크, 노르웨이와 동맹을 맺었지만 16세기까지 덴마크의 지배를 받았어요. 17세기는 전성기를 누리다 전쟁에서 여러 번 패하고 약화되었어요. 나폴레옹 전쟁 이후 노르웨이와 연합 왕국을 세웠다가 1905년 노르웨이가 독립하면서 현재의 스웨덴 왕국이 되었어요.

북방의 베네치아라고 불리는 도시, 스톡홀름

스칸디나비아 반도의 최대 도시예요. 발트해와 멜라렌호 사이에 있는 반도와 14개의 섬으로 이루어져 있어서 '북방의 베네치아'라는 별명도 있어요.

'스톡'은 '통나무', '홀름'은 '섬'이라는 뜻이에요. 멜라렌호 상류에서 통나무를 띄워 땅에 닿는 곳에 도시를 짓기로 했다는 이야기에서 이름이 유래되었어요.

　스톡홀름에서 철광이 개발되고, 1255년경부터는 한자 동맹에 속하는 항만 도시로 발전했어요. 1520년경 스웨덴 국왕을 겸하는 덴마크의 크리스티안 2세가 스웨덴 귀족을 죽인 사건 뒤, 스웨덴의 구스타브 1세가 사람들의 힘을 모아 덴마크의 지배에서 벗어나 독립했어요.

　17세기 크리스티나 여왕 때 도심의 정비가 이루어졌고, 1634년 새로운 수도가 되었어요. 이때부터 북유럽에서 가장 중요한 무역 도시로 성장했어요.

　19세기에 이민자들이 증가하면서 스톡홀름은 경제 중심지로 발전하기 시작했고, 도심도 확장되었어요. 스톡홀름은 매년 노벨상 시상식이 열리는 도시이기도 해요.

베른

① 위치: 스위스 중서부 베른주에 위치
② 인구: 약 140,000명
③ 면적: 51km²(서울 605km²)
④ 수도 지위 시기: 1848년

공식 명칭은 '스위스 연방'이에요. 국민은 독일인, 프랑스인, 이탈리아인으로 구성되어 있고, 대부분 가톨릭교와 개신교를 믿어요. 1291년 합스부르크 왕가에 대항해 세 개 주가 연맹을 맺어 나라를 세웠고, 1848년 현재의 스위스 연방이 구성되었어요. 경공업과 국제 무역, 은행업에 중심을 두고 있으며, 시계, 정밀 기계 산업 등은 세계 최고 수준이에요. 알프스 산맥 덕에 관광업이 발달했어요. 영세 중립국으로 국제기구의 20퍼센트 이상이 스위스에 본부를 두었어요.

중세의 모습을 간직한 도시, 베른

취리히, 제네바, 바젤에 이어 스위스에서 네 번째로 커요. 매우 오랜 역사를 자랑하는 역사 도시예요. 중세 도시의 모습을 잘 간직해 베른의 구시가지는 유네스코 세계 문화유산으로 지정되었어요.

1191년 체링겐 공작 베르톨트 5세가 아레강을 따라 군사 기지를 세우면서 도시로 발전했어요. 도시 이름은 독일어로 곰이라는 뜻이에요. 베르톨트 5세가 숲에서 가장 먼저 잡은 동물이 곰이었기 때문이라고 해요.

　신성 로마 제국 황제 프리드리히 2세에 의해 자유 도시가 된 뒤 베른은 주위로 영토를 넓히면서 독립국이 되었고, 1353년에는 스위스 연방에 가입해 연방을 주도했어요.

　나폴레옹 전쟁 뒤, 1848년 새롭게 스위스 연방이 결성될 때 베른이 연방의 수도가 되었어요. 시의 중심 구시가지에는 연방 의사당, 정부 청사, 시청사, 대성당, 미술관 등이 있어요. 대표적인 중세 유적 뮌스터 성당은 1421년부터 짓기 시작해서 150년 이상 걸려 완성한 건물이에요.

 슬로베니아

류블랴나

① 위치: 슬로베니아 중부에 위치
② 인구: 약 280,000명
③ 면적: 163㎢(서울 605㎢)
④ 수도 지위 시기: 1946년

발칸반도 아드리아해 연안에 있으며, 공식 명칭은 '슬로베니아 공화국'이에요. 대다수 국민은 슬로베니아인이고, 대부분 가톨릭교를 믿어요. 14세기부터 오스트리아 합스부르크 왕가의 지배를 받았고, 제1차 세계 대전이 끝난 1918년 세르비아, 크로아티아와 함께 왕국을 건설했어요. 1929년 유고슬라비아 왕국을 거쳐 1946년 유고슬라비아 사회주의 연방 공화국이 되었어요. 1989년 동유럽 민주화의 바람으로 유고슬라비아 연방이 해체되면서 1991년 독립했어요.

아름답고 사랑스러운 도시, 류블랴나

류블랴나는 슬로베니아어로 '사랑스러운'이란 뜻이에요. 산으로 둘러싸여 있고, 사바강, 류블랴니차강을 끼고 있어 이름처럼 매우 아름답고 사랑스러운 도시예요.

기원전 1세기경 로마 제국이 이 지역에 '에모나'라는 군사 주둔지를 건설했고, 훈족이 침입하기 전까지 500년 동안 지배했다고 해요. 그래서 류블랴나에는 로마 제국 시기 유적이 아직 남아 있어요.

슬로베니아인들이 이 지역에 정착하여 살기 시작한 것은 6세기경부터예요.

1335년부터 1918년까지 오스트리아의 지배를 받을 때 오스트리아 빈과 이어지는 철도가 개통되어, 지금도 류블랴나는 오스트리아로 가는 교통의 요지예요.

1918년에 세워진 세르비아-크로아티아-슬로베니아 왕국의 슬로베니아 지방 수도가 되었다가, 1946년 유고슬라비아 사회주의 연방 공화국이 수립되었을 때는 슬로베니아의 수도가 된 뒤 지금까지 이어졌어요. 가장 중요한 유적은 1144년에 건설된 류블랴나 성채예요. 성채와 강 사이 구시가지는 대부분 1895년 지진이 일어난 뒤에 지어진 것들이에요.

 아이슬란드

레이캬비크

① **위치:** 아이슬란드 서쪽에 위치
② **인구:** 약 120,000명
③ **면적:** 274㎢(서울 605㎢)
④ **수도 지위 시기:** 1918년

노르웨이와 그린란드 사이에 있는 섬나라예요. 공식 명칭은 '아이슬란드 공화국'이에요. 대다수의 국민은 노르웨이 바이킹족과 켈트족이며, 루터교를 믿어요. 무인도였다가 9세기경 노르웨이인들과 아일랜드인들이 들어와 10세기경에 독립 국가를 세웠어요. 13세기에는 노르웨이, 14세기부터는 덴마크의 지배를 받았어요. 1918년 덴마크의 자치령이 되었다가 1944년 독립하여 아이슬란드 공화국을 세웠어요.

지구상에서 가장 북쪽에 있는 수도, 레이캬비크

아이슬란드섬 남서부 팍사만에 있는 항구 도시예요. 위도상으로는 지구상에서 가장 북쪽에 있는 수도예요. 아이슬란드 전체 인구의 3분의 1 정도가 살고 있으며, 아이슬란드 최대 도시이자, 정치, 경

제, 문화의 중심지예요. 도시 이름은 '연기 나는 항만'이라는 뜻이에요. 온천에서 솟아오르는 수증기를 연기인 줄 알고 지은 이름이에요. '증기가 있는 하구', '안개의 만' 등의 별명도 있어요.

처음 이 지역에 도시를 세운 것은 874년 스칸디나비아인 잉골푸르 아르나르손이라고 알려져 있어요.

1918년 덴마크 지배를 받는 아이슬란드 자치령의 수도가 되었고 독립한 지금까지 이어지고 있어요. 레이캬비그는 아이슬란드 최대의 상업 항구로 어업이 주된 산업이며, 수산 가공, 냉동, 조선 등의 공업도 발달해 있어요. 아이슬란드 산업의 거의 절반이 레이캬비크에 몰려 있지요. 레이캬비크는 온천 도시답게 온천에서 관을 통해 끌어오는 물로 난방을 해서 공기가 무척 깨끗해요.

더블린

① **위치**: 아일랜드 동쪽에 위치
② **인구**: 약 550,000명
③ **면적**: 114㎢(서울 605㎢)
④ **수도 지위 시기**: 1921년

유럽 북서쪽 브리튼 제도에 있는 섬나라로, 아일랜드섬 대부분을 차지하고 있어요. 국민은 켈트족과 영국인들로 구성되어 있으며, 국민 대다수는 가톨릭교를 믿어요. 12세기부터 영국의 지배를 받았는데, 1921년 영국 연방의 자치령인 아일랜드 자유국으로 독립했어요. 1937년 나라 이름을 '에이레'로 바꾸었다가 1949년 영국 연방에서 탈퇴하면서 '아일랜드 공화국'으로 독립했어요.

아일랜드 독립의 중심 도시, 더블린

리피강 하구에 있는 아일랜드 최대의 도시이자, 정치, 경제, 문화, 교통의 요지예요.

도시 이름은 아일랜드어로 '검은 웅덩이'라는 뜻의 '두블린'에서 유래되었어요. 당시 도시 안쪽까지 물길이 있어서 배를 두던 웅덩이 같은 것이 있었는데, 그 흔적은 지금도 더블린 성 뒤편에 남아 있어요. 천 년 전부터 아일랜드 선주민인 켈트인들이 살던 이곳에 9세기경 바이킹들이 리피강을 거슬러 올라와 마을을 불태우고 성을 쌓고 도시를 세웠어요. 이후에도 켈트인들과 바이킹은 약 300년 동안 더블린을 차지하기 위하여 싸움을 벌였어요.

1171년 잉글랜드의 헨리 2세는 바이킹을 몰아내고 아일랜드를 지배했어요. 16세기에는 잠깐 아일랜드 사람들이 더블린을 점령하고 독립했던 적도 있어요. 금세 빼앗겼지만 더블린 사람들은 꾸준히 독립 운동을 했지요. 그래서 더블린은 늘 전쟁의 중심지가 되는 아픔을 겪었어요. 1921년 영국과 아일랜드의 협정으로 아일랜드는 영국의 자치령 아일랜드 자유국으로 독립하고, 더블린은 수도가 되었어요. 그리고 1949년 마침내 독립한 뒤 지금까지도 이어지고 있어요.

 에스파냐

마드리드

① **위치**: 에스파냐 중앙에 위치
② **인구**: 약 3,100,000명
③ **면적**: 605㎢(서울 605㎢)
④ **수도 지위 시기**: 1561년

공식 명칭은 '에스파냐 왕국'이에요. 영어식 이름은 '스페인'이에요. 여러 민족이 살지만 국민 대다수가 가톨릭교를 믿어요. 15세기 말에 통일 왕국을 이루었고, 16세기경 전 세계에 식민지를 건설했다가 19세기 말 식민지 대부분을 잃었어요. 1931년 공화국이 된 뒤, 1936년 내란이 일어나 1939년부터 프랑코 총통의 독재가 시작되었어요. 1975년 프랑코 총통 사망 후, 다시 왕정으로 복귀했어요.

왕국의 도시, 마드리드

에스파냐 최대의 도시이자, 정치, 문화, 교통의 중심지예요. 해발 600미터 이상인 메세타 고원에 있어 유럽의 수도 중 가장 높아요.

10세기경 톨레도를 방어하기 위해 무어인(이슬람교를 믿는 아랍인을 말함)들이 세운 성채에서 시작된 도시예요. 아랍어로 '마헤리트'

라고 불렀는데, '하천이 발원하는 곳'이라는 뜻이에요. 무어인들이 지은 성채는 1085년 카스티야 왕국의 알폰소 6세에 의해 점령되었어요. 카스티야 왕국은 주변의 레온 왕국, 아라곤 왕국과 차례로 연합해 1516년 현재의 에스파냐 왕국이 되었어요.

마드리드는 에스파냐 왕국이 생기기 전까지는 카스티야 지방의 작은 성채 도시였어요. 이곳이 크게 발전한 것은 1561년 펠리페 2세가 수도를 톨레도에서 옮겼을 때예요. 이후 마드리드는 안정적인 발전을 이루다가 19세기에 나폴레옹의 침입과 1936년에 일어난 내란으로 도시와 시민들이 피해를 입기도 했어요. 마드리드가 자랑하는 세계적인 미술관 프라도 미술관이 있어요.

런던

① **위치:** 잉글랜드 남동부에 위치
② **인구:** 약 8,500,000명
③ **면적:** 1,572㎢(서울 605㎢)
④ **수도 지위 시기:** 1707년

공식 명칭은 '그레이트브리튼 북아일랜드 연합 왕국'이에요. 이름에서도 알 수 있듯이 영국은 브리튼섬의 잉글랜드, 스코틀랜드, 웨일스와 아일랜드섬의 북아일랜드가 합쳐진 나라예요. 국민은 앵글로색슨족과 켈트족이 대부분이고, 국민의 50퍼센트는 국교회인 성공회를 믿어요. 19세기에는 전 세계에 많은 식민지가 있어 '대영 제국'이라고 불렸는데, 지금은 몇 개의 자치령을 제외하고는 대부분 독립했어요. 산업 혁명이 제일 먼저 일어난 나라이며, 민주주의 정치 제도가 일찍부터 자리 잡은 나라예요.

세계 최고의 도시, 런던

도시 이름은 '호수의 도시'를 뜻하는 켈트어 '린딘'에서 유래되었어요. 1세기경 로마가 이곳을 점령해 템스강 유역에 요새를 짓고 '론디니움'이라고 한 데서 이름이 시작된 것으로 보기도 해요.

9세기에 들어서 잉글랜드 왕국이 런던에 세워졌고, 1066년 프랑스의 노르망디 공작 윌리엄(윌리엄 1세)이 잉글랜드의 왕이 되었어요.

이때부터 런던이 잉글랜드의 중심 도시로 성장하기 시작했어요. 성당이 들어서고, 템스강에는 돌다리가 세워졌어요. 또, 상인들의 협동조합인 '길드'가 생겨 상업이 발달했어요. 엘리자베스 1세 때에는 세계 무역의 중심지가 되면서 화려한 집들을 짓기 시작했고, 극장들이 들어서기 시작했어요.

18세기가 되면서 런던은 산업 혁명으로 빠르게 성장했고, 오늘날 유럽 여러 도시들 중에서도 가장 큰 규모의 도시가 되었어요.

일주일에 1,500여 가지의 각종 공연이 열리는 문화 도시, 유럽에서 가장 많은 대학이 있는 교육 도시, 공원과 녹지가 많은 환경 도시이기도 해요.

 오스트리아

빈

① **위치:** 오스트리아 북동쪽에 위치
② **인구:** 약 1,700,000명
③ **면적:** 415㎢(서울 605㎢)
④ **수도 지위 시기:** 14세기

공식 명칭은 '오스트리아 공화국'이에요. 국민은 게르만족의 오스트리아인이 대부분이고, 대다수의 국민은 가톨릭교를 믿으며, 공용어는 독일어예요. 전 유럽에 걸쳐 세력이 막강했던 합스부르크 왕가가 성장해 19세기 초에 오스트리아 제국이 수립되었어요. 제1차 세계 대전을 일으키고 패전국이 되면서 공화국이 되었어요. 1939년 독일과 합쳤다가 제2차 세계 대전 이후 영국, 미국, 프랑스, 소련에 의해 분할 점령되었어요. 1955년 영세 중립국으로 독립했어요.

음악의 도시, 빈

영어식 이름은 '비엔나'예요. 한때 유럽의 절반을 차지했던 합스부르크 왕가의 수도였기에 찬란한 문화와 유적을 가진 역사 도시예요. 2001년 도시 전체가 유네스코 세계 문화유산으로 지정되었어요.

1278년 300년 넘게 오스트리아를 다스리던 바벤베르크 가문에 이어 합스부르크 왕가가 왕위를 이어받아 세력이 커지자 주요 도시였던 빈도 성장했어요. 특히 거대한 오스트리아 제국과 오스트리아-헝가리 제국의 수도로 영광을 누렸어요.

　합스부르크 왕가가 막을 내린 1918년 이후에도 빈은 공화국의 수도로, 현재에는 오스트리아의 수도로 그 찬란했던 과거의 영광을 이어 오고 있어요.

　빈은 베토벤, 모차르트, 슈베르트, 요한 슈트라우스 등 천재 음악가들이 활동한 음악의 도시예요. 지금은 많은 음악 공연과 축제가 열려요.

로마

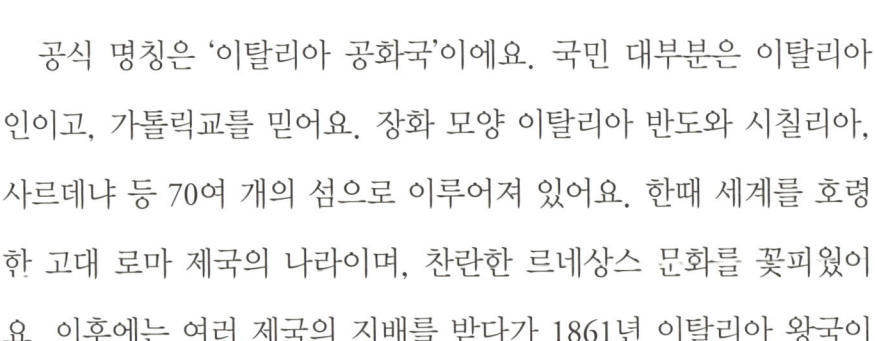

① **위치:** 이탈리아 중부에 위치
② **인구:** 약 2,800,000명
③ **면적:** 1,285㎢(서울 605㎢)
④ **수도 지위 시기:** 1871년

공식 명칭은 '이탈리아 공화국'이에요. 국민 대부분은 이탈리아인이고, 가톨릭교를 믿어요. 장화 모양 이탈리아 반도와 시칠리아, 사르데냐 등 70여 개의 섬으로 이루어져 있어요. 한때 세계를 호령한 고대 로마 제국의 나라이며, 찬란한 르네상스 문화를 꽃피웠어요. 이후에는 여러 제국의 지배를 받다가 1861년 이탈리아 왕국이 수립되었어요. 1929년 무솔리니 독재 정권이 함께 일으킨 제2차 세계 대전에서 패전국이 되었고, 1948년 현재의 공화국이 되었어요.

로마 제국의 도시, 로마

과거에는 엄청난 번영을 누린 대제국을 건설했던 나라 이름이기도 해요. 로마라는 이름은 로마를 세운 쌍둥이 형제 중 로물루스의 이름에서 유래되었어요.

로마는 기원전 6세기경에는 귀족과 평민들의 대표가 다스리는 공화정을 실시하면서 빠르게 발전했어요. 그 뒤 정복 전쟁을 활발하게 펼쳐 동쪽으로는 터키, 서쪽으로는 영국, 남쪽으로는 아프리카, 북쪽으로는 북유럽 지역 대부분을 차지한 대제국이 되었어요.

로마 제국이 4세기 초 수도를 이스탄불로 옮기면서 로마는 그 중요성이 떨어졌어요. 그러다 476년에는 로마 제국도 멸망했지요.

로마가 다시 한 번 번영을 누리게 된 것은 르네상스 시대(14세기~16세기)예요. 로마는 그때 절대적 권력을 누렸던 교황이 사는 곳이었기 때문이에요. 성 베드로 대성당과 바티칸 궁전 등도 교황의 영향력으로 세워지고 로마도 재건되었어요.

로마는 18세기까지 교황의 지배 아래 비교적 평화로운 시대를 살았어요. 그런데 1861년 성립된 이탈리아 왕국은 1870년 교황을 지키던 프랑스 군대가 철수하자 로마를 점령했고, 이탈리아의 수도로 삼았어요. 지금은 교황이 사는 바티칸 시국은 독립된 나라예요.

프라하

① **위치**: 체코 중서부 블타바강 유역에 위치
② **인구**: 약 1,200,000명
③ **면적**: 496㎢(서울 605㎢)
④ **수도 지위 시기**: 1918년

공식 명칭은 '체코 공화국'이에요. 국민 대부분은 체코인이며, 국민의 30퍼센트 정도가 가톨릭교를 믿어요. 9세기경 이 지역에는 보헤미아 왕국이 세워졌고, 16세기에는 오스트리아 합스부르크 왕가의 지배를 받았어요. 19세기에는 오스트리아-헝가리 제국의 일부가 되었다가 1918년 슬로바키아와 함께 체코슬로바키아 연방 공화국으로 독립했어요. 1948년 공산주의 국가가 되었다가 1990년 민주화가 되었어요. 1993년 슬로바키아가 독립해 나가면서 체코 공화국이 되었어요.

백탑의 도시, 프라하

이 지역에 처음 사람이 살기 시작한 것은 기원전 4000년경이고, 6세기경부터 도시의 형태를 갖추기 시작했어요.

　11세기 무렵 교역이 활발해지면서 빠르게 발전한 프라하는 1346년 신성 로마 제국의 수도가 되었고, 최고의 전성기를 누렸어요. 프라하는 이때부터 유럽의 정치, 경제, 문화의 중심지가 되었어요.

　14세기에 이르러 많은 건축물들이 들어섰는데, 건축물들에는 대부분 뾰족한 첨탑이 있어요. 프라하를 흔히 '백탑의 도시'라고 하는데, 뾰족한 첨탑이 많아서예요. 16세기 오스트리아의 합스부르크 왕가의 지배 하에서는 공업 도시로 이름을 날렸고, 1918년 체코슬로바키아로 독립하면서 수도가 된 뒤 지금까지 이어졌어요.

 크로아티아

자그레브

① 위치: 크로아티아 북서쪽 사바강 유역에 위치
② 인구: 약 800,000명
③ 면적: 641㎢(서울 605㎢)
④ 수도 지위 시기: 1991년

공식 명칭은 '크로아티아 공화국'이에요. 국민 대부분은 크로아티아인이고, 가톨릭교를 믿어요. 10세기경 크로아티아 왕국을 수립했지만 이후 헝가리, 오스만 제국, 오스트리아 합스부르크 왕가의 지배를 받았어요. 1918년 세르비아-크로아티아-슬로베니아 왕국의 일원이 되었고, 1945년 유고슬라비아 연방의 일원이 되었어요. 1989년 연방이 해체되면서 1991년 독립했어요.

중부 유럽의 중심 도시, 자그레브

크로아티아 북부 도나우강의 지류 사바강 유역, 내륙 해발 120미터 높이에 세워진 도시예요.

자그레브라는 이름은 1094년 헝가리 왕

이 이 지역을 점령하고 가톨릭 교구를 만들면서 처음으로 사용했다고 전해져요. 헝가리어 '자그레블'에서 유래되었는데, '뒤쪽의 굴을 메워서 만든 마을'이라는 뜻이에요.

당시 헝가리 왕은 이 지역에 '그리치'라는 민간 마을과 '캅톨'이라는 성직자 마을을 세웠어요. 그리치는 13세기에 오스만 제국의 침입을 막기 위해 성벽으로 마을을 둘러싸면서 '그라덱'이라는 이름으로 바뀌었어요. 두 마을은 13세기에 몽골족의 침입으로 많이 파괴되었지만 곧 복구되어 왕의 보호를 받는 요새 도시로 성장하기 시작했어요. 18세기 후반 왕실 건물들이 이곳으로 옮겨 와 도시가 확대되면서 19세기 중반에는 캅톨과 그라덱 두 마을도 하나로 합쳐졌어요.

자그레브는 중부 유럽의 중심지라는 지리적 이점을 바탕으로 계속 발전하고 있으며, 지중해와 발칸반도를 연결하는 교통의 요충지 역할도 하고 있어요.

리스본

① **위치:** 포르투갈 서쪽 끝에 위치
② **인구:** 약 510,000명
③ **면적:** 84㎢(서울 605㎢)
④ **수도 지위 시기:** 1255년

공식 명칭은 '포르투갈 공화국'이에요. 국민은 여러 민족들로 구성되어 있으며, 대부분 가톨릭교를 믿어요. 12세기에 독립 국가를 세웠고, 15~16세기에는 브라질과 아프리카에 많은 해외 식민지를 건설했어요. 1910년 왕정이 무너지고 공화국이 되었어요. 공화국 성립 이후 독재 정권이 들어섰지만 1974년 혁명으로 독재 정권은 무너지고, 1976년 민주 정권이 수립되었어요.

유럽에서 가장 오래된 수도, 리스본

포르투갈 서부 테주강의 삼각 하구에 있는 포르투갈 최대 도시이자 주요한 항구 도시예요. 포르투갈어로는 '리스보아'라고 불러요. 기원전 1200년경 페니키아인이 항구 도시 '알리스 웁보'를 세웠는데, 페니키아어로 '안전한 항구'라는 뜻이에요. 여기서 리스본이

라는 이름이 유래되었다고 해요.

1143년 카스티야 왕국에서 독립한 포르투갈 국왕 알폰소 1세는 북방 십자군의 지원을 받아 1147년 리스본을 점령했어요. 포르투갈 왕국은 1255년 코임브라에 있던 수도를 리스본으로 옮겼어요. 유럽에서 가장 오래된 수도 중 하나지요. 15세기에 들어 활발한 무역으로 최고의 전성기를 누렸어요. 하지만 1755년 지진이 일어나 리스본은 도심의 3분의 2가 파괴되었지요. 그러나 폼발 백작의 도시 재건 계획으로 다시 일어섰어요. 구시가지에 있는 코메르시우 광장은 지진 후 왕궁이 있던 자리에 세워진 광장이고, 호시우 광장은 중세 시대부터 현재까지 리스본 상업 활동의 중심지예요. 리스본에는 크고 작은 언덕이 도시 곳곳에 있는데 리스본의 상징인 노란 트램으로 크고 작은 언덕을 쉽게 오르내릴 수 있어요.

바르샤바

① 위치: 폴란드 중동부에 위치
② 인구: 약 1,700,000명
③ 면적: 517㎢(서울 605㎢)
④ 수도 지위 시기: 1611년

공식 명칭은 '폴란드 공화국'이에요. 국민 대부분은 폴란드인이고, 대다수가 가톨릭교를 믿어요. 10세기에 피아스트 왕조가 왕국을 건설했고, 14세기에는 연합 왕조인 야기에오 왕조가 탄생하면서 전성기를 누렸어요. 18세기 말부터는 오스트리아, 러시아, 프로이센, 세 나라의 지배를 받았어요. 제1차 세계 대전과 제2차 세계 대전을 거친 뒤 1945년 독립했어요. 1947년부터 공산주의 정권이 수립되었어요. 1980년대 들어 민주 정권이 수립되었어요.

잿더미에서 세계 문화유산으로, 바르샤바

폴란드 중동부 바르샤바 평야의 중심부인 비스와강 유역에 있는 도시예요. 폴란드 최대 도시이자, 정치, 경제, 문화, 교통의 중심지예요. 바르샤바는 13세기 말 마조비에 공작령에 속한 작은 어촌 마을에서 시작되었어요. 바르샤바는 1611년 정식으로 폴란드 왕국의 수도가 되었고, 지금까지 이어졌어요.

바르샤바는 독일, 러시아, 오스트리아 등 다른 나라의 지배를 받고 여러 번 전쟁을 겪으면서도 상처를 이겨 냈어요. 특히 제2차 세계 대전은 바르샤바를 잿더미로 만들어 버렸어요. 나치 독일의 폭격으로 도시 80퍼센트 이상이 파괴되었어요. 전쟁 후 바르샤바 시민들은 도시를 재건했어요. 철저한 고증을 거쳐 옛 왕궁과 성터를 비롯하여 중세풍의 저택, 14세기 양식의 성 요한 성당 등 바르샤바의 옛 모습을 그대로 재현했어요. 이렇게 재현된 바르샤바 역사 지구는 1980년 유네스코 세계 문화유산에 등록되었어요.

파리

① 위치: 프랑스 중북부에 위치
② 인구: 약 2,100,000명
③ 면적: 105㎢(서울 605㎢)
④ 수도 지위 시기: 987년

공식 명칭은 '프랑스 공화국'이에요. 국민은 켈트족과 게르만족이 대부분이고, 대다수의 국민이 가톨릭교를 믿어요. 5세기경 프랑크 왕국이 건설되었고, 9세기경에는 프랑크 왕국이 분리되면서 현재의 프랑스 지역이 형성되었어요. 14세기부터 영국과는 백년 전쟁을 치루면서 경쟁했어요. 18세기 후반 혁명과 나폴레옹 시대, 그리고 제1, 2차 세계 대전을 겪으면서 혼란한 시기를 보냈어요. 전쟁 후 1946년 제4공화국이 성립되면서 정치적으로 안정을 되찾았어요.

예술과 문화의 도시, 파리

도시 이름은 이곳에 살았던 파리시이족의 이름에서 유래되었어요. 이 지역에 481년 프랑크족의 클로비스가 프랑크 왕국을 세우고, 파리를 수도로 삼았어요. 나중에 프랑크 왕국에서 분리된 서프랑크에 카페 왕조가 세워진 987년 무렵부터 프랑스라고 불리기 시작했어요. 이때부터 파리는 왕국의 중심 도시로 발전했어요.

12세기 말 도시 성벽을 축조하여 중세 도시의 모습을 갖추었고, 13세기 초 파리 대학이 만들어지면서 파리는 유럽 학문의 중심지가 되었어요.

파리는 다른 도시들에 비해 인구가 많아 도시 정비에 힘을 많이 쏟았어요. 지금의 파리는 19세기 나폴레옹 3세 때 만들어졌어요. 도로를 확장하고, 상하수도와 녹지 공간을 넓혔으며, 도심을 주변까지 확장시켰어요. 파리는 지금도 계속 도시를 매만지고 가꾸고 있어요. 예술과 문화의 도시를 이어 가기 위해 끊임없이 노력하는 거예요.

헬싱키

① **위치:** 핀란드 남쪽 끝에 위치
② **인구:** 약 630,000명
③ **면적:** 715㎢(서울 605㎢)
④ **수도 지위 시기:** 1812년

공식 명칭은 '핀란드 공화국'이에요. 대부분의 국민은 핀족이고, 대다수가 루터교를 믿어요. 기원전 1500년경 중앙아시아에 살던 핀족이 와서 살기 시작했어요. 12세기부터 19세기 초까지 스웨덴의 지배를 받다가 나폴레옹 전쟁 후 러시아의 자치령이 되었어요. 1917년 독립한 이후 러시아와 전쟁을 벌이면서 일부 영토를 잃기도 했어요.

발트해를 대표하는 항구 도시, 헬싱키

핀란드 남쪽 끝에 있는 항구 도시예요. 헬싱키는 1550년 핀란드를 지배하던 스웨덴의 구스타브 1세에 의해 세워졌어요. 핀란드만 건너편에 있는 에스토니아의 탈린을 견제하기 위해서였지요.

헬싱키는 1770년대에 가난과 질병, 전쟁 등으로 많은 어려움을 겪었어요. 폐허가 된 뒤 곧바로 도시를 복구하려고 했지만 러시아의 공격으로 중단되고 말았어요.

  이후 헬싱키는 오랫동안 발전하지 못한 채 소규모의 해안 도시로 남아 있어야 했어요. 헬싱키가 다시 발전을 시작한 것은 1809년 스웨덴이 러시아와의 전쟁에서 패하면서 핀란드가 러시아의 자치령이 되면서부터예요.

  러시아의 알렉산드르 1세는 스웨덴의 영향력을 줄이기 위해 1812년 상트페테르부르크와 가까운 헬싱키로 수도를 옮겼고, 러시아에서 독립한 지금까지 이어졌어요.

  훌륭한 항구가 많은 헬싱키의 북항과 서항 주변에는 조선, 섬유, 금속 기계 등의 공업 지역이 있고, 여객선이 주로 드나드는 남항 주변에는 시장, 대통령 관저, 대사관 등이 있어요.

부다페스트

① **위치:** 헝가리 북부 중앙에 위치
② **인구:** 약 1,700,000명
③ **면적:** 525km²(서울 605km²)
④ **수도 지위 시기:** 1873년

공식 명칭은 '헝가리 공화국'이에요. 대부분의 국민은 마자르족이며, 국민의 70퍼센트 정도가 가톨릭교를 믿어요. 9세기 말부터 러시아에서 이주해 온 마자르족이 11세기 초에 독립 왕국을 세웠지만 13세기부터 몽골, 오스만 제국, 오스트리아의 지배를 받았어요. 1867년 오스트리아-헝가리 제국의 일부였다가 1918년 독립했어요. 제2차 세계 대전 후 공산당 독재의 헝가리 인민 공화국이 수립되었고, 1989년 민주화를 이루면서 헝가리 공화국이 되었어요.

도나우강이 만든 도시, 부다페스트

도나우강과 관련된 별명이 많아요. '도나우강이 만든 도시', '도나우강의 진주', '도나우강의 장미' 같은 별명이 있어요. 아름다운 도나우 강변과 부다 지구는 유네스코 세계 문화유산으로 지정되었

어요.

    부다페스트는 도나우강을 사이에 두고 높은 언덕 쪽의 부다 지역과 평지로 되어 있는 페스트 지역을 합쳐 부르는 이름이에요. 1000년, 헝가리 왕국의 초대 국왕 이슈트반 1세가 수도로 택한 곳은 페스트 지역이었어요. 그러다 13세기에 몽골의 침략으로 도시 대부분이 파괴되자, 벨라 4세는 지금의 부다 지역에 새로운 왕궁을 세웠어요. 19세기 초에는 부다와 페스트를 연결하는 다리가 생겼고, 증기선이 운행되면서 도시는 빠르게 성장했어요. 1873년 마침내 부다와 페스트가 합쳐진 부다페스트가 오스트리아-헝가리 제국의 헝가리 측 수도가 되었고, 지금까지 이어졌어요.

아메리카의 나라와 수도

아메리카는 북아메리카와 남아메리카를 함께 부르는 이름이에요. 지리적으로는 북아메리카, 중앙아메리카, 남아메리카로 구분하기도 해요. 개척 민족에 따라서 북아메리카는 앵글로아메리카, 중앙아메리카와 남아메리카는 라틴아메리카로 부르기도 해요. 북아메리카와 남아메리카는 매우 좁은 파나마 지협으로 연결되어 있어요.

아메리카는 세계 육지 면적의 3분의 1 정도를 차지하고, 인구는 세계 인구의 약 14퍼센트에 해당되는 10억 명 정도가 살고 있어요.

원래 아메리카는 아메리카 인디언과 소수의 에스키모만이 거주하는 지역이었는데, 11세기경 북유럽의 바이킹이 그린란드에서 북아메리카 북동 지방에 도달하면서 유럽인들에게 그 존재가 알려졌어요.

아메리카에 대한 본격적인 탐험은 '크리스토퍼 콜럼버스'가 시작했어요. 콜럼버스는 1492년 바하마 제도의 산살바도르섬에 상륙했는데, 죽을 때까지도 인도에 도달한 것으로 생각했어요. 그래서 서인도 제도라는 말이 생겨나게 된 거예요.

아메리카라는 이름이 처음으로 사용된 것은 1507년이에요. 독일인 지도 제작자인 마르틴 발트 제밀러가 지도를 만들면서 이탈리아 탐험가인 '아메리고 베스푸치'의 이름을 따서 '아메리카'라는 이름을 붙였어요. 아메리고 베스푸치는 1499년 스페인 탐험가 '오헤다'와 함께 남아메리카의 베네수엘라를 탐험한 사람이에요.

아메리카는 유럽인들이 발견하기 전부터 오랫동안 원주민들이 살고 있었던 땅이지만 유럽 여러 나라들의 식민지 지배 정책 때문에 원주민 문화는 거의 사라지고 없어요. 북아메리카 지역에는 주로 영국과 프랑스가 상륙했고, 남아메리카 지역에는 에스파냐와 포르투갈이 상륙했어요. 각 나라들은 자신들의 문화를 바탕으로 지배했기 때문에 지금도 북아메리카와 남아메리카의 문화는 각기 달라요.

황금제국 잉카!

북아메리카 지역은 유럽의 옛 전통을 바탕으로 하고 있으면서도 고도의 자본주의와 민주주의에 의한 독특한 문화를 만들어 냈고, 중앙아메리카와 남아메리카는 유럽의 전통적인 옛 문화에 더해 원주민의 존재, 원주민의 문화가 큰 영향을 미친 곳이에요.

북아메리카는 미국과 캐나다 두 나라가 전체 면적을 차지하고 있어요. 넓은 국토 면적만큼 다양한 기후가 나타나고, 천연자원 또한 풍부한 지역이에요. 세계 곳곳 여러 나라에서 온 이민자들로 이뤄진 나라지만 영국 식민지였던 영향으로 유럽계 백인들이 중심을 이루고 있으며, 대부분 기독교를 믿고, 영어를 사용하고 있어요. 역사가 짧아 오래된 전통 문화가 거의 없는 대신 대중문화가 잘 발달되어 있으며, 국민들의 생활 수준도 높은 곳이에요.

중앙아메리카 지역은 수많은 산과 화산 지형을 이루고 있는데, 멕시코, 쿠바, 코스타리카, 파나마 등의 나라들이 있어요. 이 지역에 사는 사람들은 대부분 아프리카, 아시아, 유럽에서 건너온 사람들이에요.

남아메리카는 일찍부터 마야 문명, 잉카 문명 등 고도의 문명을 이룩

지구의 한가운데, 적도!

한 지역인데, 이들의 재물을 탐낸 에스파냐와 포르투갈에게 점령되어 자신들의 문명을 지키지 못하고 오랫동안 식민 지배를 받았어요. 이 지역에 있는 대표적인 나라는 브라질, 아르헨티나, 페루, 콜롬비아, 볼리비아 등이에요.

 과테말라

과테말라시티

① **위치:** 과테말라 남부 중앙에 위치
② **인구:** 약 990,000명
③ **면적:** 692㎢(서울 605㎢)
④ **수도 지위 시기:** 1823년

공식 명칭은 '과테말라 공화국'이에요. 국민은 인디언과 메스티소(백인과 인디언의 혼혈인)가 대부분이고, 대다수가 가톨릭교를 믿으며, 에스파냐어를 사용해요. 오랫동안 에스파냐의 지배를 받다가 1821년 독립했어요. 1823년 중앙아메리카 연방의 일원이 되었지만 1838년 탈퇴했고, 1847년 공화국이 되었어요. 이후 쿠데타와 군사 정권을 겪고 현재는 민주주의가 자리 잡았어요.

고대 마야의 도시, 과테말라시티

중앙아메리카 최대의 도시이며, 과테말라의 정치, 경제, 사회, 문화의 중심지예요. 열대 지역이지만 해발 1,500미터의 산간 분지에 있어서 기후가 쾌적해요.

과테말라시티는 고대 마야의 도시인 '카미날후유'를 기원으로 보고 있어요. 이곳은 기원전 1200년경에 원주민들이 살기 시작해 이후 약 2000년 동안 도시를 유지했지만 10세기경에 주민들이 모두 떠나면서 오랫동안 도시로서의 기능을 잃어버렸어요.

그러다 1773년 대지진이 일어나 에스파냐의 과테말라 총독령 수도였던 '안티과 과테말라(옛 과테말라)'가 파괴되었어요. 이에 1776년 에스파냐는 안티과 과테말라에서 24킬로미터 떨어진 현재의 과테말라시티(누에바 과테말라: 새 과테말라)로 총독령의 수도를 옮겼어요.

1821년 에스파냐로부터 독립한 뒤, 1823년 중앙아메리카 연방의 수도가 되었고, 지금까지 이어졌어요.

마나과

① **위치:** 니카라과 서부 마나과호 남쪽에 위치
② **인구:** 약 1,000,000명
③ **면적:** 544㎢(서울 605㎢)
④ **수도 지위 시기:** 1858년

　공식 명칭은 '니카라과 공화국'이에요. 중앙아메리카에서 가장 넓은 나라예요. 국민은 70퍼센트의 메스티소와 20퍼센트의 백인으로 구성되어 있어요. 에스파냐어를 사용하고, 대다수가 가톨릭교를 믿어요. 16세기 초부터 에스파냐의 지배를 받다가 1821년 독립했어요. 1823년 중앙아메리카 연방의 일원이 되었다가 1838년 독립하여 공화국이 되었어요. 미국의 지원을 받은 독재 정권이 들어서서 한동안 혼란스러웠어요. 지금은 민주주의가 자리 잡는 중이에요.

중앙아메리카의 중심 도시, 마나과

　니카라과의 최대 도시이자, 정치, 경제, 문화의 중심지예요. 마나과는 원주민 말로 '물이 넓게 퍼진 장소'라는 뜻이에요.
　에스파냐 식민지 기간에는 레온과 그라나다가 최대 도시였어요.

특히, 레온은 식민지 기간에 줄곧 수도 역할을 했던 곳이에요. 마나과는 150년 전만 해도 그냥 작은 어촌 마을이었고요.

니카라과가 1821년 에스파냐로부터 독립하고, 1823년 중앙아메리카 연방의 일원이 되었을 때도, 1838년 니카라과 공화국이 되었을 때도 수도는 레온이었어요. 그런데 그라나다를 수도로 하고 싶은 세력과 레온을 계속 수도로 두고 싶은 세력 사이에 다툼이 벌어졌어요. 1858년에 가까스로 타협했는데, 중간 지점인 마나과를 새로운 수도로 정했어요.

새로운 수도 마나과는 1855년, 1931년, 1972년에 발생한 지진으로 많은 피해를 입었지만 현재는 니카라과의 최대 도시가 되었고, 상업 및 문화의 중심지 역할을 하고 있어요.

도미니카

산토도밍고

① 위치: 도미니카 공화국 중부 남쪽 해안에 위치
② 인구: 약 1,000,000명
③ 면적: 104㎢(서울 605㎢)
④ 수도 지위 시기: 1844년

공식 명칭은 '도미니카 공화국'이에요. 서인도 제도에서 두 번째로 큰 섬인 히스파니올라섬의 3분의 2를 차지하는 나라예요. 국민의 70퍼센트는 백인과 흑인의 혼혈인 물라토예요. 대다수가 가톨릭교를 믿으며, 에스파냐어를 사용해요. 15세기부터 에스파냐의 지배를 받다 1795년부터 프랑스의 지배를 받았어요. 이후 다시 에스파냐의 지배, 독립, 아이티의 지배를 거쳐 1844년 독립했어요. 독재 정권도 있었지만 1978년 평화적으로 정권 교체가 이루어졌어요.

유럽인이 세운 가장 오래된 도시, 산토도밍고

신대륙 최초의 에스파냐 식민지 수도로 건설되었어요. 유럽인이 아메리카 대륙에 세운 도시 중 가장 오래된 도시예요. 산토도밍고는 1496년 콜럼버스의 동생인 바르톨로메오 콜럼버스에 의해 건설되었어요. 처음에 세워진 도시는 지금의 위치는 아니었어요. 원래는 오사마강 왼쪽 기슭에 자리 잡고 있었어요. 그런데 얼마 되지 않아 태풍이 덮쳐 도시 대부분이 파괴되었고, 1502년 오사마강의 오른쪽 기슭인 지금의 위치에 새로 도시를 건설했어요. 이후 산토도밍고는 에스파냐가 서인도 제도의 섬들과 아메리카 대륙을 정복하는 데 중심 도시가 되었어요. 에스파냐, 프랑스, 아이티의 식민 지배 기간 동안 중심 도시였던 산토도밍고도 어려운 시기를 보냈어요. 1844년 도미니카 공화국이 세워질 때 공화국의 수도가 되어 지금까지 이어졌어요. 1540년에 완성된 대성당은 크리스토퍼 콜럼버스의 유골이 있는 중요한 건축물이에요.

멕시코시티

① 위치: 멕시코 중앙 고원에 위치
② 인구: 약 8,900,000명
③ 면적: 1,479㎢(서울 605㎢)
④ 수도 지위 시기: 1821년

공식 명칭은 '멕시코 합중국'이에요. 메스티소(60%)와 원주민 인디언(30%)이 함께 살아요. 에스파냐어를 사용하고, 대다수가 가톨릭교를 믿어요. 16세기부터 에스파냐의 식민 지배를 받다가 1821년 독립했지만 19세기 초반 미국에게 많은 영토를 빼앗겼어요. 고대 마야 문명과 아스테카 문명을 꽃피웠던 나라예요.

가장 오랜 역사를 자랑하는 대도시, 멕시코시티

14세기에 아스테카족은 텍스코코 호수에 있던 작은 섬들 사이를 메워 하나의 큰 섬을 만들었고, 그 섬에 도시 '테노치티틀란'을 건설했어요. '신이 머무는 곳'이라는 뜻이에요. 이곳은 당시에도 20만~30만 명이 살고 있는 거대 도시였어요.

1521년 에스파냐의 코르테스는 아스테카 제국의 수도 테노치티

틀란을 파괴한 뒤 새로운 도시를 건설했어요. 새 도시의 이름은 '메시트리 신에게 선택받은 자'라는 뜻의 '메히코'였어요. 지금의 이름 멕시코시티는 이 이름에서 온 거예요. 메히코는 그 뒤 약 300년 동안 에스파냐령 식민지의 중심 도시였어요.

새롭게 건설된 멕시코시티는 큰 광장을 중심으로 사방으로 길을 냈는데, 식민지 통치자들은 광장 주변에 거주했고, 원주민들은 시 외곽으로 밀려났어요. 1821년 멕시코가 에스파냐로부터 독립하면서 멕시코시티는 수도가 되었고, 지금까지 이어졌어요. 유명한 화가 프리다 칼로가 이곳 출신이에요.

워싱턴

① 위치: 미국 동부 메릴랜드주와 버지니아주 사이에 위치
② 인구: 약 680,000명
③ 면적: 159㎢(서울 605㎢)
④ 수도 지위 시기: 1801년

공식 명칭은 '아메리카 합중국'이에요. 약칭으로 'U.S.A.'라고 쓰기도 해요. 백인을 중심으로 여러 민족이 살아요. 개신교와 가톨릭교를 믿는 사람들이 많아요. 1776년 영국으로부터 독립했고, 19세기부터 빠르게 성장했어요. 제1, 2차 세계 대전 후 세계 최강국이 되어 현재까지 세계의 정치와 경제를 이끌어요.

세계 최강국의 수도가 된 도시, 워싱턴

워싱턴은 흔히 '워싱턴 D.C.'로 많이 불리고 있는데, 정식 명칭은 '워싱턴 컬럼비아 특별구'예요. 초대 대통령 조지 워싱턴의 이름에서 따왔고, 컬럼비아는 미국을 가리키는 말이에요. 미국 연방의 수도이기 때문에 미국의 50개 주 어디에도 속하지 않아요.

1789년 워싱턴 대통령이 취임할 때만 해도 수도는 뉴욕주에 있는 뉴욕시였어요. 그러나 연방 정부의 수도를 어디에 정할 것인지를 두고 남부와 북부가 다투었어요.

1790년 연방 의회는 연방 정부의 수도를 현재의 위치인 메릴랜드주와 버지니아주의 경계 지점으로 확정했어요. 황량한 늪지대였기 때문에 연방 정부는 도시 설계를 공모하고, 프랑스의 건축가 랑팡의 설계를 최종 선택했어요.

1792년부터 시작된 수도 건설은 1800년까지 9년 동안 계속되었고, 그동안 미국의 임시 수도는 필라델피아였어요.

워싱턴은 1801년 1월 수도 역할을 시작한 뒤 세계 정치의 중심지가 되어 오늘에 이르고 있어요. 현재 워싱턴에는 미국의 주요 관청이 모두 자리 잡고 있으며, 수많은 국가 기념물과 박물관, 전 세계 각국의 대사관이 모두 모여 있어요.

카라카스

① 위치: 베네수엘라 북부 중앙에 위치
② 인구: 약 2,000,000명
③ 면적: 403㎢(서울 605㎢)
④ 수도 지위 시기: 1830년

공식 명칭은 '베네수엘라 볼리바르 공화국'이에요. 메스티소 65퍼센트, 백인 20퍼센트가 국민을 이루고 있어요. 에스파냐어를 사용하고, 대다수 국민은 가톨릭교를 믿어요. 오랫동안 에스파냐의 식민 지배를 받다가 1819년 콜롬비아, 에콰도르와 함께 대콜롬비아 공화국의 일원으로 독립했어요. 1830년 대콜롬비아 공화국이 해체되면서 베네수엘라 공화국으로 독립했지만 오랫동안 쿠데타와 군부 독재가 되풀이되었어요. 1958년부터 민주주의가 정착되었어요.

영원한 봄의 도시, 카라카스

베네수엘라 북부 카라카스 계곡에 있는 해발 922미터의 고산 도시예요. 연평균 기온이 23도 정도라서 '영원한 봄의 도시'라는 별명이 있어요. 도시 이름은 이곳의 원주민이었던 부족 카라카스족에서 유래되었어요. 독립 후에 베네수엘라 정부는 에스파냐 군대에 용감히 맞서 싸운 카라카스족과 추장을 기념하기 위해 도시 이름을 '카라카스'로 정했어요.

에스파냐 정복자들은 1557년 카라카스 지역을 침범했고, 1577년 카라카스는 에스파냐령 베네수엘라주의 주도가 되었어요.

카라카스는 베네수엘라 독립 운동의 지도자인 볼리바르가 태어난 곳이며, 베네수엘라가 에스파냐로부터 독립하기 위해 독립 선언을 한 역사적인 장소이기도 해요.

카라카스는 1819년 에스파냐로부터 독립하고, 1830년 베네수엘라 공화국이 수립되었을 때 수도가 되어 현재까지 이어지고 있어요.

라파스

① **위치**: 볼리비아 중서부에 위치
② **인구**: 약 920,000명
③ **면적**: 470㎢ (서울 605㎢)
④ **수도 지위 시기**: 1898년

공식 명칭은 '볼리비아 다민족국'이에요. 2009년까지는 '볼리비아 공화국'이었어요. 에스파냐어를 공용어로 사용하고, 대다수의 국민은 가톨릭교를 믿어요. 16세기부터 에스파냐의 지배를 받다가 1825년 독립했어요. 나라 이름은 볼리비아 독립에 큰 역할을 한 베네수엘라의 독립 운동 지도자인 '볼리바르'의 이름에서 따왔어요. 쿠데타가 여러 번 일어나 큰 혼란을 겪다가 1982년부터 안정을 찾았어요.

세계에서 가장 높은 곳에 있는 수도, 라파스

현재 볼리비아의 헌법상 수도는 '수크레'예요. 수크레는 라파스 남동쪽으로 420킬로미터 떨어진 해발 고도 2,800미터의 분지에 있어요. 볼리비아가 에스파냐로부터 독립하고 난 뒤 1839년부터 공식적으로 수도가 되었어요.

수크레는 1898년 입법부와 행정부가 라파스로 옮겨 가면서 헌법상의 수도, 사법 수도로서만 그 지위를 갖고 있어요.

라파스는 현재 볼리비아의 실질적인 수도이자, 볼리비아 최대 도시이며 정치, 경제, 문화의 중심지예요.

평균 해발 고도 3,600미터 고지에 건설된 세계에서 가장 높은 곳에 있는 수도예요.

라파스는 1898년 볼리비아 공화국의 수도가 된 뒤, 남쪽 포토시에서 채굴한 금과 은을 페루의 항구로 이송하는 중간 거점이 되어 빠르게 성장했어요. 이때 포토시에서 채굴한 금과 은은 전 세계 생산량의 반을 차지할 정도로 풍부했다고 해요.

브라질리아

① **위치**: 브라질 중부 중앙 고원에 위치
② **인구**: 약 2,900,000명
③ **면적**: 5,802km²(서울 605km²)
④ **수도 지위 시기**: 1960년

공식 명칭은 '브라질 연방 공화국'이에요. 남아메리카에서 유일하게 포르투갈어를 사용해요. 유럽계 백인(50%)과 혼혈 인종(40%)이 함께 살고, 대다수가 가톨릭교를 믿어요. 16세기부터 포르투갈의 지배를 받다가 1822년 독립하여 브라질 제국을 세웠어요. 1889년 왕정이 무너진 뒤 오랫동안 쿠데타와 군부의 독재 정치가 이어졌어요. 1985년 군부 정치가 끝나 정치적으로 안정을 찾았어요.

과거가 없는 도시, 브라질리아

브라질 중부에 중앙 고원을 흐르는 상프란시스쿠강의 상류 지역에 있어요. 수도가 된 것은 1960년이에요. 1822년 독립한 뒤부터 수도는 리우데자네이루였는데, 외적의 침입, 인구 집중, 지리적 한계 등의 이유로 수도를 옮길 수밖에 없었어요.

　1891년 브라질리아로 수도를 확정한 뒤 1956년 주셀리누 쿠비체크 대통령 때 본격적으로 수도 건설이 시작되었어요. 수도 건설이 시작된 지 5년 만인 1960년 브라질리아가 완성되었어요.

　브라질리아는 하늘에서 보면 거대한 제트기 모양이에요. 제트기 동체의 중앙을 가로지르는 왕복 8차선의 중심 도로에, 비행기 조종실에 해당하는 곳에는 정부 기관 건물들을 배치했고, 좌우 날개 부분에는 주택 및 상점가 등을 두었어요. 설계대로 만들어진 도시여서 '과거가 없는 도시'라는 별명이 있지만, 20세기에 건설된 도시들 중에서는 유일하게 유네스코 세계 문화유산에 지정되었어요.

 아르헨티나

부에노스아이레스

① **위치:** 아르헨티나 동쪽 라플라타강 하구에 위치
② **인구:** 약 3,000,000명
③ **면적:** 203㎢(서울 605㎢)
④ **수도 지위 시기:** 1880년

    공식 명칭은 '아르헨티나 공화국'이에요. 국민의 대부분은 이탈리아와 에스파냐계 백인들이에요. 에스파냐어를 사용하고, 대다수 국민이 가톨릭교를 믿어요. 16세기부터 에스파냐의 식민 지배를 받다가 1816년 독립하고, 1853년 현재의 국토로 통일되었어요. 1930년대까지 번영을 누렸지만 군부 쿠데타가 여러 번 일어나 혼란스러웠어요. 1983년 민간 정부가 출범하면서 정치적 안정을 찾았어요.

남아메리카의 파리로 불리는 도시, 부에노스아이레스

    아르헨티나와 우루과이를 지나는 라플라타강 하구의 광활한 평원에 있는 도시예요. 부에노스아이레스에 살고 있는 사람들은 흔히 '포르테뇨'라고 불리는데, 이는 '항구 사람'이라는 뜻이에요.
    부에노스아이레스는 에스파냐어로 '좋은 공기, 순풍'이라는 뜻이

에요. 1994년 헌법에 의해 연방 특별구로서 자치권을 획득하였고, 정식 명칭은 '부에노스아이레스 자치시'예요. 1536년 에스파냐의 정복자 페드로 데 멘도사가 도시를 세우는 데 실패하고, 1580년 후안 데 가라이에 의해 무역항으로 성장했어요. 1816년 아르헨티나가 독립한 후에는 부에노스아이레스주의 주도가 되었다가 1880년 아르헨티나의 수도가 되었어요.

한때 세계 10대 경제 대국이기도 했던 아르헨티나는 유럽으로부터 많은 이민자들을 받아들였는데, 수도인 부에노스아이레스도 이민자들이 빠르게 늘어 커다란 도시로 발전했어요. 인구가 급증하자 도시 외곽으로 빈민가가 생겼는데, 아르헨티나를 대표하는 춤인 탱고는 이곳 빈민가에서 탄생한 춤이에요.

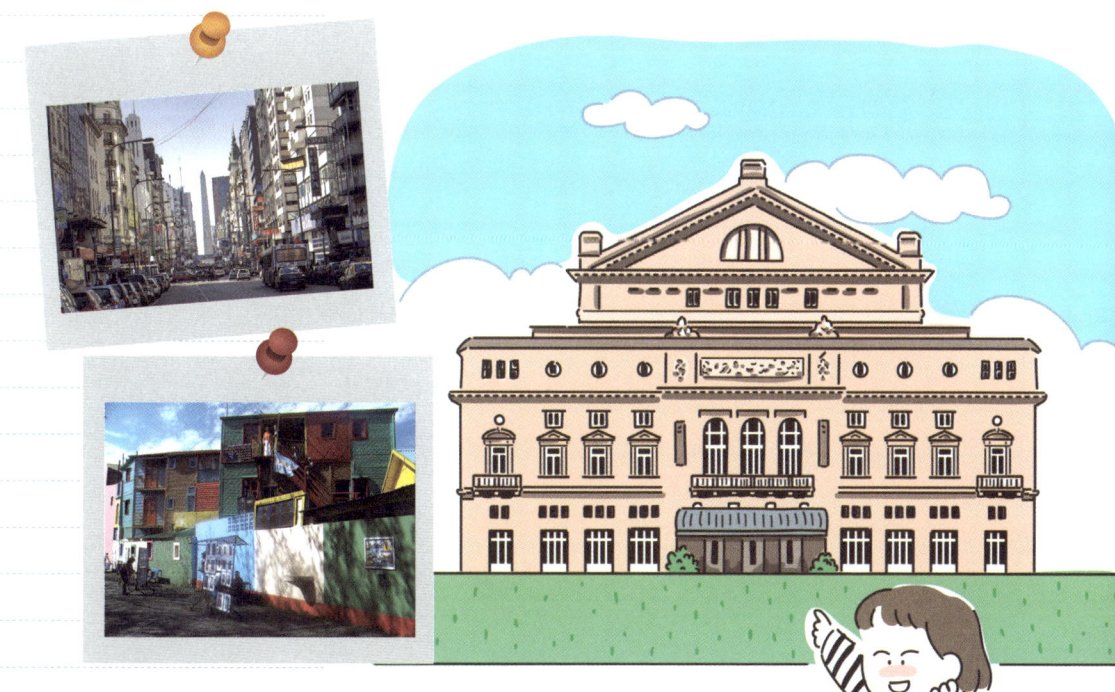

키토

① **위치:** 에콰도르 북부 적도 아래에 위치
② **인구:** 약 2,200,000명
③ **면적:** 324km²(서울 605km²)
④ **수도 지위 시기:** 1830년

공식 명칭은 '에콰도르 공화국'이에요. 국민은 메스티소와 인디언들이 대부분이에요. 에스파냐어를 사용하고, 대다수 국민이 가톨릭교를 믿어요. 16세기부터 에스파냐의 지배를 받다가 1809년 독립을 선포했어요. 1819년 대콜롬비아 공화국의 일원이 되었다가 1830년 다시 독립했어요. 독립 이후 정치적으로 혼란스러웠지만 1978년부터 안정을 찾았어요. 에스파냐어로 에콰도르는 '적도'라는 뜻이에요.

고대 잉카 제국의 도시, 키토

위도상으로 적도 바로 아래에 있지만 해발 2,850미터에 있는 고산 도시여서 사계절 내내 봄 날씨예요. 그래서 일찍부터 사람들이 살기 시작했고 문명이 발달한 지역이었어요.

1534년 에스파냐의 정복자 베랄카사르가 세운 키토는 1541년

쯤에는 에스파냐 도시 수준으로 발전했고, 이때 도시는 '산 프란시스코 키토'라 불렸어요 독립할 때까지 키토는 키토주의 주도였어요. 화산 중간의 분지에 건설된 키토는 지진이 여러 번 일어났는데, 1797년과 1859년 피해가 가장 심했어요. 하지만 키토는 라틴 아메리카에서 가장 잘 보존되어 있는 역사 도시예요.

    1535년 이곳에 온 프란체스코 수도회 수도사들은 수도원을 건립하고, 미술 학교를 세워서 많은 그림과 조각품들을 탄생시켰어요. 도심에는 많은 성당과 수도원, 광장, 정원, 분수대, 발코니가 있는 가옥, 가파르고 좁은 거리 등 그 자체가 박물관이에요. 식민지 시기의 많은 유적들을 잘 보존하고 있어서 1978년 유네스코 세계 문화유산으로 지정되었어요.

 엘살바도르

산살바도르

① **위치**: 엘살바도르 중서부에 위치
② **인구**: 약 250,000명
③ **면적**: 72㎢(서울 605㎢)
④ **수도 지위 시기**: 1838년

공식 명칭은 '엘살바도르 공화국'이에요. 국민 대부분이 메스티소예요. 에스파냐어를 사용하고, 대다수가 가톨릭교를 믿어요. 중앙아메리카에서 가장 작은 나라예요. 1821년 에스파냐로부터 독립하여 1823년 중앙아메리카 연방의 일원이 되었다가 1841년 독립했어요. 쿠데타와 내전으로 혼란을 겪다가 1992년 정치적 안정을 찾았어요.

중앙아메리카의 중심 도시, 산살바도르

엘살바도르 중서부 해발 680미터의 산간 분지에 있어요. 산살바도르는 '구세주'라는 뜻이에요. 원래 이 지역에는 아메리카 원주민인 피필족의 수도 '쿠스카틀란'이 있었어요. 1525년 에스파냐의 페드로 알바라도가 이곳을 점령하여 '산살바도르'라 이름을 지었어요.

얼마 후 큰 지진이 일어나 도시는 대부분 파괴되었고, 현재의 위치에 다시 도시를 건설했어요. 산살바도르는 부근이 모두 화산 지역이라 지진 피해를 여러 번 입었어요. 그래서 이 지역에는 에스파냐 식민지 시기의 건축물과 유직들이 거의 남아 있지 않아요. 현재의 도심은 1934년 도시 계획으로 새롭게 재건된 거예요.

1834년부터 1838년까지 중앙아메리카 연방의 수도였어요. 연방에서 탈퇴하고 난 1838년부터는 엘살바도르의 수도가 되어 지금까지 이어졌어요.

테구시갈파

① 위치: 온두라스 중남부에 위치
② 인구: 약 1,200,000명
③ 면적: 201㎢(서울 605㎢)
④ 수도 지위 시기: 1880년

공식 명칭은 '온두라스 공화국'이에요. 국민 대부분은 메스티소들이에요. 에스파냐어를 사용하며, 대다수가 가톨릭교를 믿어요. 에스파냐로부터 1821년 독립하여 1823년 중앙아메리카 연방의 일원이 되었다가 1838년 연방에서 탈퇴했어요. 쿠데타와 독재 정치로 혼란을 겪다가 1982년 민간 정부가 들어섰지만 여전히 군부의 영향력이 큰 나라예요.

철도가 없는 수도, 테구시갈파

온두라스 중남부 중앙 고원 남쪽 해발 970미터에 있어요. 원주민인 히카케족이 살고 있던 이곳에 1578년 에스파냐의 정복자들이 들어와 은 광산을 발견하고 도시를 건설하기 시작했어요. 테구시갈파는 원주민들 말로 '은의 산, 은의 언덕'이라는 뜻이에요.

에스파냐 식민 지배 시기에 온두라스의 수도는 중부에 있는 도시 코마야과였어요. 온두라스가 1821년 에스파냐로부터 독립하고 1823년 중앙아메리카 연방이 되면서부터 코마야과와 테구시갈파가 번갈아 가며 수도가 되었어요. 그러다 1880년이 되어 테구시갈파를 유일한 수도로 결정했어요. 1938년 촐루테카강 건너편에 있는 코마야겔라시와 합쳐져서 테구시갈파 중앙 행정구가 되었어요.

　시내를 흐르는 촐루테카강을 사이에 두고 코마야과 지구와 테구시갈파 지구로 나누어지는데, 테구시갈파 지구에는 에스파냐 식민지 시기의 모습들이 많이 남아 있어요. 테구시갈파는 세계에서 보기 드물게 철도가 없는 수도예요. 철도가 없는 대신 도로와 항공로가 교통수단으로 이용되고 있어요.

몬테비데오

① 위치: 우루과이 남쪽 끝에 위치
② 인구: 약 1,700,000명
③ 면적: 525㎢(서울 605㎢)
④ 수도 지위 시기: 1830년

공식 명칭은 '우루과이 동방 공화국'이에요. 대부분의 국민은 유럽계 백인들이고, 에스파냐어를 사용해요. 국민의 66퍼센트가 가톨릭교를 믿어요. 16세기부터 포르투갈과 에스파냐의 지배를 받다가 1811년부터 독립 투쟁을 벌여 1830년 독립했어요. 20세기 초, 군부가 독재를 했지만 1985년 민간 정부가 들어서면서 다시 안정을 되찾았어요.

남아메리카의 작은 파리라 불리는 도시, 몬테비데오

몬테비데오는 우루과이 남쪽 끝 라플라타강 어귀 북쪽 기슭에 자리 잡고 있는 항구 도시예요. 현재 우루과이 최대 도시이자, 정치, 경제, 문화, 교통 중심지예요.

포르투갈인들을 막기 위해 만든 에스파냐 해군 기지가 도시로 성장해 몬테비데오가 되었어요. 에스파냐 식민 지배가 끝날 무렵에는 중요한 무역항으로 발달했어요. 그래서 1807년부터 1830년 독립을 이루기까지 이곳을 탐낸 영국과 에스파냐, 아르헨티나, 포르투갈, 브라질 등의 군대에게 번갈아 가면서 점령을 당했어요.

1830년 우루과이 독립 후에 수도로 지정되었지만 우루과이, 아르헨티나, 브라질 세 나라 사이의 복잡한 세력 관계 때문에 안정을 찾지 못했어요. 특히, 1843년부터 1851년까지 내전이 일어나면서 몬테비데오는 고립되기도 했어요. 이후 국내 정치가 안정되면서 발전하기 시작했어요.

자메이카

킹스턴

① **위치:** 자메이카 남동부에 위치
② **인구:** 약 670,000명
③ **면적:** 480㎢(서울 605㎢)
④ **수도 지위 시기:** 1872년

카리브해 북부 서인도 제도에 있는 섬나라예요. 국민 대부분이 흑인이며, 영어를 사용해요. 국민의 70퍼센트 정도가 개신교를 믿어요. 15세기부터 16세기까지는 에스파냐의 지배를 받다가 1655년부터 영국의 식민지가 되었어요. 독립 투쟁으로 1959년에는 영국으로부터 자치권을 인정받고, 1962년 영국 연방의 일원으로 독립했어요. 국가 원수는 영국 여왕이고, 총리가 내각을 이끌어요.

서인도 제도 최대의 항구 도시, 킹스턴

자메이카섬의 남동부에 있는 항구 도시예요. 자메이카 최대의 도시이자, 정치, 경제, 문화, 상업의 중심지예요. 도심은 남동 해안을 따라 길게 뻗어 있고, 블루 산맥이 내륙 쪽에 둘러서 있어요.

킹스턴은 좁고 긴 팰리새더스 반도에 에워싸인 천연의 항구로

서인도 제도에서는 최대의 항구예요. 자메이카를 지배하게 된 영국은 팰리새더스 반도 맨 끝에 새로운 도시 '포토로열'을 세웠지만 1692년에 지진으로 모두 파괴되었어요. 이때부터 킹스턴이 자메이카의 중심 도시로 발전했어요. 그런데 17세기에는 해적들의 기지, 18세기에는 노예 무역의 중심이었던 아픔이 있어요. 1872년부터는 자메이카의 정치적인 수도가 되었고, 1962년 독립했을 때도 수도로 지정되었어요.

킹스턴은 1960년대부터 시작된 레게 음악의 본고장이에요. 킹스턴에 세계적으로 유명한 레게 음악가 '밥 말리'를 기념한 박물관이 있어요.

산티아고

① **위치**: 칠레 중부에 위치
② **인구**: 약 6,500,000명
③ **면적**: 641km²(서울 605km²)
④ **수도 지위 시기**: 1818년

공식 명칭은 '칠레 공화국'이에요. 국토가 남북으로 길게 뻗어 있어요. 국민은 메스티소 70퍼센트, 백인 20퍼센트로 구성되어 있어요. 에스파냐어를 사용하고, 대다수의 국민이 가톨릭교를 믿어요. 16세기부터 에스파냐의 지배를 받다가 1810년 독립을 선포했고, 1818년 완전히 독립했어요. 1973년 군부 쿠데타가 일어났지만 1989년 독재 정권이 무너지고 민주 정부가 들어섰어요.

안데스 산맥의 도시, 산티아고

칠레 중앙 안데스산맥과 해안산맥 사이의 분지 위, 해발 450~650미터의 고지대에 있어요. 칠레의 최대 도시이자 정치, 경제, 문화의 중심지예요.

이 지역에 처음 정착한 사람들은 원주민인 피쿤체족이었어요.

이들은 9세기경부터 마포초강 연안에 정착하여 옥수수, 감자, 콩 등을 경작하며 살고 있었어요. 1541년 에스파냐의 정복자 페드로 데 발디비아가 이 지역을 점령하고 식민 도시로 삼았어요. 발디비아는 자기 고향 마을의 이름을 따서 이곳의 이름을 '산티아고 데 누에바 엑스트레마두라'라고 지었어요.

1800년대 초부터 도심이 확장되면서 발전했는데, 1810년부터 일어난 칠레 독립 전쟁 때에도 다행히 산티아고 도심은 피해를 입지 않았어요. 1818년 에스파냐로부터 독립했을 때 수도가 되어 지금까지 이어졌어요.

칠레는 국토가 남북으로 길게 뻗어 있는데, 북쪽은 건조하고, 남쪽은 춥기 때문에 국민들은 대부분 국토 중앙에 위치해 있는 산티아고를 중심으로 생활해요. 산티아고 수도권에는 칠레 전체 인구의 3분의 1 정도가 살고 있어요.

오타와

① 위치: 캐나다 온타리오주 남동쪽에 위치
② 인구: 약 960,000명
③ 면적: 2,778㎢(서울 605㎢)
④ 수도 지위 시기: 1867년

세계에서 두 번째로 넓은 나라예요. 국민 대부분은 유럽계 백인들이고, 영어와 프랑스어를 공용어로 사용해요. 대다수 국민이 가톨릭교와 개신교를 믿어요. 영국과 프랑스가 식민지 캐나다를 두고 1756년에 전쟁을 했는데, 영국이 이겼어요. 1867년 캐나다 자치령이 되었고, 1931년 영국 연방의 일원으로 독립했어요.

살기 좋은 도시, 오타와

온타리오주 남동쪽 오타와강과 리노강이 만나는 곳에 있어요. 오타와는 17세기 초반 프랑스인에 의해 처음으로 유럽 세계에 알려졌어요. 초기에는 근처의 강을 탐험하고 물품을 교역하는 사람들의 여행 통로로 주로 이용되었어요. 1812년 미국과 영국 사이 전쟁이 벌어졌을 때 영국인들은 리도강을 이용해 오타와강에서 온타리오 호수 연안의 킹스턴까지 안전하게 항해할 수 있었는데, 이런 지리적 이점 때문에 오타와 개발이 시작되었어요.

1826년에는 영국 공병대의 존 바이 중령이 이곳에 운하를 건설했고, 그의 이름을 따서 '바이 타운'이라고 불렀어요. 이 지역의 인구가 점점 늘어나면서 1854년경에는 도시를 새롭게 설계해서 건설했어요. 이때 오타와강의 이름을 따서 지금 이름을 갖게 되었지요. 1867년 캐나다가 영국으로부터 자치령을 인정받았을 때 수도로 지정되었고 지금까지 이어졌어요.

퀘벡, 토론토, 몬트리올, 킹스턴 등이 캐나다 자치령의 수도를 두고 서로 다투었어요. 그러자 빅토리아 여왕은 이 도시들 대신 오타와를 수도로 지정했는데, 이때부터 오타와는 빠르게 성장했어요.

산호세

① **위치**: 코스타리카 중앙 고원에 위치
② **인구**: 약 330,000명
③ **면적**: 44㎢ (서울 605㎢)
④ **수도 지위 시기**: 1823년

공식 명칭은 '코스타리카 공화국'이에요. 국민 대부분은 에스파냐계 백인들이고, 에스파냐어를 사용해요. 대다수 국민이 가톨릭교를 믿어요. 16세기부터 에스파냐의 지배를 받다가 1821년 독립했고, 1823년부터 중앙아메리카 연방의 일원이 되었다가 1838년 연방이 해체되면서 독립했어요. 교육 제도와 사회 보장 제도가 잘되어 있고, 민주주의가 일찍부터 뿌리를 내린 나라예요.

고산 지대의 쾌적한 도시, 산호세

코스타리카 내륙의 중앙 고원 해발 1,180미터에 있어요. 우기와 건기가 뚜렷하고 1년 내내 날씨가 쾌적해서 일찍부터 사람들이 모여 살았어요.

산호세는 에스파냐 식민지 시기인 1738년에 건설되었어요. 처음에는 담배 재배를 위한 도시로 건설되었는데, 19세기부터는 커피 생산의 중심지가 되었어요.

도시 이름은 예수의 아버지이자, 성모 마리아의 남편인 성 요셉의 이름에서 따왔어요. 코스타리카는 1823년 중앙아메리카 연방의 일원이 되었을 때 수도를 카르타고에서 산호세로 옮겼어요. 산호세는 도시 발전이 더딘 편이었지만 18세기 말부터 물 공급이 원활해지면서 인구가 빠르게 늘었어요. 1950년대 이후 산업 시설이 늘어나고, 대서양과 카리브해를 연결하는 철도와 고속도로의 요충지 역할을 하면서 빠르게 성장했어요. 에스파냐풍의 건축물과 현대적인 건축물들이 조화를 이뤄 아름다운 도시예요.

콜롬비아

보고타

① **위치:** 콜롬비아 중앙 안데스 고원에 위치
② **인구:** 약 7,900,000명
③ **면적:** 1,587㎢(서울 605㎢)
④ **수도 지위 시기:** 1819년

공식 명칭은 '콜롬비아 공화국'이에요. 메스티소(60%)와 백인(20%), 물라토(15%)가 함께 살아요. 에스파냐어를 사용하며, 대다수 국민이 가톨릭교를 믿어요. 16세기부터 에스파냐의 지배를 받다가 1810년 독립하여 1819년 베네수엘라, 에콰도르 등과 함께 '내콜롬비아 공화국'을 수립했어요. 1830년 공화국이 분리되고, 1886년 헌법을 개정하여 현재의 콜롬비아 공화국이 되었어요. 석탄, 백금, 니켈 등의 지하자원이 많고, 커피의 주요 산지 중 하나예요.

남아메리카의 아테네라 불리는 도시, 보고타

콜롬비아 중앙 안데스산맥의 고원 분지, 해발 고도 2,640미터에 있어요. 도시 이름은 '들판, 농지'라는 뜻의 '바카타'에서 비롯되었어요. 보고타는 에스파냐가 식민지를 지배하기 위해 세운 '누에바 그라나다 부왕령'의 수도가 되면서 일찍부터 발전했어요. 1810년부터는 에스파냐에 대항한 독립 운동의 본거지가 되었고, 1819년 '대콜롬비아 공화국'의 수도가 된 뒤, 콜롬비아 공화국이 수립된 지금까지 이어졌어요.

에스파냐 지배 시절부터 남아메리카 문화 활동의 중심지였기 때문에 '남아메리카의 아테네'라는 별명이 있어요. 1580년에 건립된 산토 토마스 대학과 1622년에 건립된 하베리아나 교황 대학교, 1777년에 건립된 국립 도서관, 세계에서 가장 많은 금 공예품을 소장한 황금 박물관, 세계에서 유일한 에메랄드 박물관 등은 콜롬비아가 자랑하는 보물이에요.

 쿠바

아바나

① 위치: 쿠바섬의 북서 해안에 위치
② 인구: 약 2,100,000명
③ 면적: 728㎢(서울 605㎢)
④ 수도 지위 시기: 1902년

공식 명칭은 '쿠바 공화국'이에요. 물라토(51%)와 백인(37%), 흑인(10%)이 함께 살아요. 에스파냐어를 사용하며, 대다수 국민이 가톨릭교를 믿어요. 카리브해에 있는 가장 큰 섬인 쿠바섬과 인근의 섬들로 이루어져 있는 쿠바는 오랫동안 에스파냐의 지배를 받았어요. 1898년부터 미국의 통치를 받다가 1902년 공화국으로 독립했고, 이후 쿠데타와 독재 정치가 이어졌어요. 1959년 카스트로가 혁명을 일으킨 후 공산주의 국가가 되었어요.

카리브해 최대 도시, 아바나

쿠바섬 북서 해안, 멕시코만에 면하는 항구 도시로 카리브해에서 가장 큰 도시예요. 16세기 에스파냐의 식민 시절부터 식민지의 수많은 보물들을 에스파냐로 실어 나르는 집결지로 일찍부터 발달했어요. 1553년에는 에스파냐 쿠바 총독령의 수도가 되었어요.

아바나는 에스파냐의 식민지 경영 중심지이자, 무역의 중심지였기 때문에 19세기경 많은 라틴아메리카 국가들이 독립할 때에도 에스파냐는 쿠바와 아바나를 놓치기 싫었어요. 1898년 미국과 에스파냐가 싸운 전쟁에서 미국이 승리하면서 쿠바는 1902년 독립했고, 아바나는 독립국 쿠바의 수도가 되어, 현재까지 이어졌어요.

1959년 쿠바 혁명 이후, 미국의 경제 봉쇄가 시작되면서 도시의 발전이 정체되었는데, 오히려 이런 고전적 분위기의 도심이 사람들의 관심을 끌면서 지금은 많은 관광객들이 찾는 도시가 되었어요. 구시가지는 혁명 전의 화려한 옛 모습은 찾아볼 수 없지만 여전히 무역항과 어업 기지로 활기를 띠고 있고, 식민지 시절의 많은 유적들을 간직하고 있어 많은 사람들이 찾고 있어요. 1982년 아바나의 구시가지는 유네스코 세계 문화유산으로 지정되었어요.

파나마시티

① 위치: 파나마 남쪽에 위치
② 인구: 약 440,000명
③ 면적: 275㎢(서울 605㎢)
④ 수도 지위 시기: 1903년

    공식 명칭은 '파나마 공화국'이에요. 국민의 70퍼센트가 메스티소예요. 에스파냐어를 사용하고, 대다수 국민이 가톨릭교를 믿어요. 남북 아메리카 대륙을 잇는 파나마 지협에 있고, 태평양과 카리브해를 연결하는 파나마 운하가 있어요. 16세기부터 에스파냐의 지배를 받다가 1819년 대콜롬비아 공화국에 편입되었어요. 1903년 파나마 운하의 운영권을 미국에 넘기는 조건으로 독립했지만 2000년부터는 직접 파나마 운하를 운영하는 중남미 무역의 중심지예요.

파나마 운하의 도시, 파나마시티

    태평양 연안, 파나마만과 파나마 운하 입구에 있어요. 이 지역은 원래 원주민이 살던 작은 어촌이었는데, 1519년 에스파냐의 페드로 아리아스 다빌라가 식민 도시를 세웠어요. 안데스 산지에서 나는 금과 은을 에스파냐로 옮기고, 페루를 정복하기 위해서였어요. 처음에 파나마시티는 무역의 중계지로 번창했지만 해적들의 잦은 침입으로 무역량은 줄어들었고, 1671년에는 영국 해적 헨리 모건이 침입하여 도시의 대부분이 파괴되었어요. 이때 파괴된 도시 '파나마 비에호'는 지금은 많은 사람들이 찾는 관광지가 되었어요.

1673년 파나마 비에호에서 서쪽으로 8킬로미터 떨어진 곳에 새로 세운 도시가 지금의 파나마시티예요. 해적을 막기 위한 요새도 만들고, 무역이 다시 활발해지면서 도시가 번창했어요.

파나마시티는 1903년 파나마의 수도가 되고, 1914년 파나마 운하가 개통되면서 빠르게 성장했어요. 파나마가 운하를 직접 운영하면서 국제 금융과 상업의 중심지가 되었어요.

아순시온

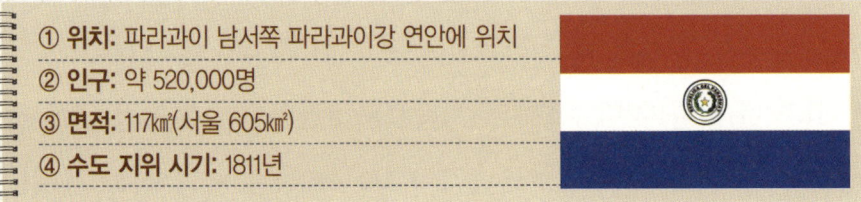

① 위치: 파라과이 남서쪽 파라과이강 연안에 위치
② 인구: 약 520,000명
③ 면적: 117㎢(서울 605㎢)
④ 수도 지위 시기: 1811년

공식 명칭은 '파라과이 공화국'이에요. 국민은 메스티소가 대부분이에요. 에스파냐어와 과라니어를 공용어로 사용하고, 대다수의 국민은 가톨릭교를 믿어요. 16세기부터 에스파냐의 지배를 받다가 1811년 독립했어요. 독립 이후 브라질, 아르헨티나, 우루과이와의 국경 분쟁에 져서 영토를 잃었어요. 잦은 쿠데타와 독재 정치로 혼란스러웠지만 1993년 민간 정부가 들어서면서 안정을 찾았어요.

도시들의 어머니, 아순시온

라플라타강의 지류인 파라과이강과 필코마요강이 만나는 곳에 있어요. 파라과이 최대 도시이자, 바다와 접해 있지 않은 파라과이의 유통 및 수출 중심지이며, 철도와 도로의 기점이기도 해요.

1537년 에스파냐의 정복자들이 지금의 볼리비아 지역에 있는 광산 지대를 찾으려고 라플라타강 탐험에 나섰다가 이곳에 도시를 건설했어요. 아순시온은 에스파냐어로 '성모님의 승천'을 뜻하는데, 1537년 8월 15일 성모 승천 대축일에 도시를 세웠기 때문이에요.

1541년 아르헨티나의 수도인 부에노스아이레스가 원주민들의 공격을 받자 그곳에 있던 에스파냐 사람들이 이곳으로 쫓겨 왔어요. 이때 에스파냐인들은 아순시온을 식민지 탐사의 본부로 삼고, 남아메리카 식민 도시를 세웠어요. 그래서 아순시온을 '도시들의 어머니'라는 별명으로 불러요. 1811년 파라과이가 에스파냐로부터 독립하면서 수도가 되었지만 브라질, 아르헨티나, 우루과이와 분쟁하며 폐허가 되었어요. 아순시온은 19세기 말부터 20세기 초반 사이에 많은 이민자들이 들어오면서 재건되었어요.

리마

① **위치:** 페루 서쪽에 위치
② **인구:** 약 8,900,000명
③ **면적:** 2,672㎢(서울 605㎢)
④ **수도 지위 시기:** 1824년

공식 명칭은 '페루 공화국'이에요. 인디언(50%)과 메스티소(37%), 백인(12%)이 함께 살아요. 에스파냐어를 사용하고, 대다수 국민이 가톨릭교를 믿어요. 고대 잉카 제국의 중심지였던 페루는 16세기부터 에스파냐의 지배를 받다가 1821년 독립을 선포하고 1824년 독립을 이루었어요. 1879년에는 칠레와 싸운 전쟁에서 패배하여 북부 영토를 잃고, 잦은 쿠데타가 일어나는 등 정치적으로 혼란을 겪다가 1990년대 이후부터 정치적인 안정을 찾았어요.

왕들의 도시, 리마

페루 중앙부 태평양 연안의 항구 카야오항에서 동쪽으로 약 15킬로미터 떨어진 곳에 있는 도시예요. 적도 부근, 태평양 연안의 사막 지대에 있지만 페루 해류의 영향을 받아 기온은 그다지 높지 않아요.

　리마라는 이름은 리마 도심을 흐르는 리막강의 이름에서 유래되었다고 알려져 있어요. 고대 잉카 제국을 정복한 프란시스코 피사로는 1535년 이 지역에 도시를 세우고 '왕들의 도시'라고 이름을 붙였어요. 잉카 제국의 수도였던 쿠스코와 하우하는 너무 높은 곳에 있어서 에스파냐인들이 생활하기에 리마가 더 좋았어요.

　1554년 에스파냐가 아메리카 식민지를 통치하기 위해 세운 리마는 페루 부왕령의 수도가 되어 남아메리카에서 가장 부유한 도시로 성장했어요. 페루가 1824년 독립했을 때 리마는 페루 공화국의 수도가 되었고, 지금까지 이어졌어요. 리마 중심부에는 에스파냐 식민지 시절의 건축물들이 아직 많이 남아 있어요.

아프리카의 나라와 수도

아프리카 대륙은 아시아 대륙 다음으로 면적이 넓고 인구도 많아요. 지구 전체 육지 면적의 20퍼센트 정도를 차지하고 있고, 전체 인구의 약 14퍼센트 정도가 살고 있어요.

아프리카 대륙 북쪽은 지중해, 북동쪽으로는 수에즈 운하와 홍해, 남동쪽으로는 인도양, 서쪽은 대서양과 접하고, 대륙 한가운데 적도가 지나요. 적도 부근에는 아프리카 대륙에서 가장 높은 산인 킬리만자로산이 있어요. 아프리카 대륙은 북부 온대 지역과 남부 온대 지역 양쪽에 모두 걸쳐 있는 유일한 대륙이에요.

아프리카라는 이름의 어원은 고대 그리스인들이 리비아라고 부른 지중해 남쪽의 원주민이 사용한 지명에서 유래되었다고 알려져 있어요. 고대 로마인들이 지중해 남쪽에 있었던 카르타고(현재의 튀니지 연안) 시민

을 '아프리'라고 부르고, 카르타고를 정복한 후에는 이 지방을 '아프리카 주'라고 한 데서 유래되었다고도 해요.

아프리카 대륙의 기후는 대체로 열대 기후를 띠고 있어요. 북부 지역은 건조한 기후이며, 세계에서 가장 큰 사막 '사하라 사막'이 있어요. 중부 지역과 남부 지역에는 사바나 초원과 울창한 밀림이 있어요. 이런 초원과 밀림 덕분에 많은 야생 동물들이 인간이 살지 않는 넓은 평원에서 자유롭게 생활하고 있으며, 남극에서 넘어온 펭귄도 대륙의 남쪽 끝에 살고 있어요.

아프리카에는 세계에서 두 번째로 긴 강인 나일강과 세계에서 수심이 가장 깊은 콩고강이 있으며, 세계에서 세 번째로 큰 호수인 빅토리아 호수를 비롯해서 많은 호수들이 있어요. 나일강 유역은 고대 이집트 문명을 꽃피웠던 장소이기도 해요.

15세기 초 유럽인들은 아프리카 대륙에 와 이곳에 살고 있는 많은 흑인들을 노예로 끌고 갔고, 이 지역의 많은 나라들은 오랫동안 유럽 강대국들의 식민지 생활을 하는 등 많은 슬픔과 아픔이 서린 대륙이기도 해요.

아프리카 대륙은 그 지형에 따라 크게 북아프리카, 서아프리카, 중앙아프리카, 동아프리카, 남아프리카로 구분할 수 있어요. 북아프리카는 사하라 사막 북쪽 지역을 가리키는데, 대부분 사막 지대라 오아시스 농업 지대가 형성해 있어요. 이 지역에 있는 대표적인 나라는 이집트, 알제리, 튀니지, 리비아, 모로코 등이에요.

서아프리카는 사하라 사막 북쪽과 기니만 남쪽 사이 지역을 가리키는데, 사바나 초원 지대와 열대 우림 지역이 대부분이에요. 이 지역에서 생산되는 카카오 열매로 전 세계 초콜릿의 대부분을 생산하고 있어요. 이 지역에 있는 대표적인 나라는 가나, 기니, 나이지리아, 콩고 공화국, 세네갈, 카메룬 등이에요.

아프리카 내륙에 있는 중앙아프리카는 광물 자원이 풍부하고, 여러 종류의 농산물과 목재가 생산되고 있어요. 우간다, 남수단, 르완다, 콩고 민주 공화국 등이 있어요.

동아프리카는 아프리카 동부 지역을 가리키는데, 아프리카 평원과 고지대 산맥이 있는 곳이에요. 넓은 사파리가 있고, 커피가 많이 생산되고

있으며, 관광업이 발달했어요. 대표적인 나라는 케냐, 탄자니아, 에티오피아 등이에요.

남아프리카는 아프리카 남쪽을 가리키는데, 17세기부터 유럽에서 백인들이 많이 이주하여 사는 곳이고, 많은 나라들이 광업과 농업에 의존하고 있어요. 이 지역에 있는 대표적인 나라는 남아프리카 공화국, 앙골라, 잠비아, 나미비아 등이에요.

아크라

① **위치:** 가나 남쪽 기니만 연안에 위치
② **인구:** 약 2,200,000명
③ **면적:** 185㎢(서울 605㎢)
④ **수도 지위 시기:** 1877년

공식 명칭은 '가나 공화국'이에요. 국민의 절반이 아칸족이고, 그 외 여러 부족이 함께 살아요. 국민의 70퍼센트가 개신교를 믿어요. 영어가 공용어이지만 튀어와 판티어도 많이 사용해요. 15세기부터 유럽인들이 와 금광 개발과 노예 무역을 시작했고, 1874년부터 영국의 식민지가 되었다가 1957년 독립했어요.

서아프리카의 중심 도시, 아크라

적도에서 북쪽으로 640킬로미터 떨어진 곳에 있어요. 기후는 고온다습하지만 기니만 연안의 항구 중에서는 비교적 살기 좋아요. 도시의 일부는 10여 미터 높이의 절벽 위에 자리 잡고 있으며, 그 뒤쪽으로는 기복이 심한 아크라 평원이 펼쳐져 있어요. 이곳은 지형이 평평하여 홍수가 나기 쉽고, 지진이 나기 쉬운 곳이기도 해요.

아칸어 '응크란'이 잘못 알려져 도시 이름이 아크라가 되었어요. 이 근처에 많이 서식하는 '검은 개미'를 뜻하는데, 아크라 평원에 사는 사람들을 가리키기도 해요.

'가' 부족이 촌락을 이루며 살고 있던 이곳에 1482년 포르투갈 사람들이 들어오면서 유럽에 알려졌어요. 이후 덴마크, 네덜란드, 영국 사람들이 각자 자신들의 요새를 짓고, 무역을 시작했어요. 가 부족은 고기잡이와 농사를 그만두고 유럽인들과 교역을 해서 생활하기 시작했어요. 18세기부터는 노예 무역의 주요 기지였던 아픈 역사도 있어요.

다른 나라들이 떠나고 1874년 가나가 영국의 식민지가 되면서 아크라는 1877년부터 영국령 황금 해안 식민지의 수도가 되어, 독립한 지금까지 이어졌어요. 아크라 도심에는 아직 식민지 시대의 건물이 많이 남아 있어요.

빈트후크

① **위치:** 나미비아 중앙 내륙 고원에 위치
② **인구:** 약 370,000명
③ **면적:** 645㎢(서울 605㎢)
④ **수도 지위 시기:** 1990년

공식 명칭은 '나미비아 공화국'이에요. 국민은 오밤보족이 절반 정도로 가장 많고, 그 외 여러 부족이 함께 살아요. 영어와 아프리칸스어를 공용어로 사용하고, 대다수 국민이 개신교를 믿어요. 1885년부터 독일의 식민 지배를 받다가 제1차 세계 대전이 끝나면서 남아프리카 공화국의 지배를 받았어요. 아프리카 식민지 나라 중에서는 가장 늦게 1990년에 독립했지요. 광물 자원이 풍부한데, 특히 다이아몬드를 많이 생산하고 있어요.

남서아프리카의 중심 도시, 빈트후크

나미비아 중앙 내륙 고원, 해발 고도 1,780미터에 자리 잡고 있어요. 도시는 건조한 고원 지대에 있지만 기후는 좋은 편이에요. 주위 구릉 지대가 원형으로 둘러싸고 있어 건조 열풍으로부터 도시를 막아 주고, 비도 비교적 적게 오는 편이에요.

이곳에는 원주민인 코이코인족과 헤레로족이 살고 있었어요. 원주민들은 이곳을 '아이감스'라고 불렀어요. '뜨거운 물'이라는 뜻인데, 이 지역에 온천이 있었기 때문이에요. 현재의 지명인 빈트후크는 나마족 말로 '연기가 나는 곳'이라는 뜻이에요.

1880년대 말 독일은 나미비아를 식민지로 삼았고, 이때부터 빈트후크를 도시로 개발하기 시작했어요. 1897년에는 대서양 연안의 항구 도시인 스바코프문트 사이에 철도 건설이 시작되면서 빠르게 성장했어요.

빈트후크 도심에는 아름다운 공원을 비롯하여 도서관, 미술관, 병원, 미술관, 운동장 등이 잘 정비되어 있고, 독일인들이 지은 중세 독일풍의 건물과 성도 있어요.

나이지리아

아부자

① **위치**: 나이지리아 중앙 사바나 지대에 위치
② **인구**: 약 1,200,000명
③ **면적**: 713km²(서울 605km²)
④ **수도 지위 시기**: 1991년

공식 명칭은 '나이지리아 연방 공화국'이에요. 250여 부족들이 함께 살아요. 영어를 공용어로 사용하지만 각 부족들의 말도 사용해요. 대다수 국민이 이슬람교와 기독교를 믿어요. 15세기 말부터 유럽인들이 와 노예 무역을 시작했고, 19세기부터 영국의 식민 지배를 받았어요. 1960년 영국 연방의 일원으로 독립을 선포했고, 1963년 연방제 국가가 되었어요. 1960년대 이후 석유가 생산되어 아프리카에서는 경제 대국으로 성장했지만 부족 간, 종교 간 갈등을 많이 겪고 있어요.

나이지리아 통합의 도시, 아부자

나이지리아의 수도이자, 정치, 행정의 중심지예요. 이전에 수도였던 라고스는 나이지리아 최대 도시이자, 경제의 중심지이고요.

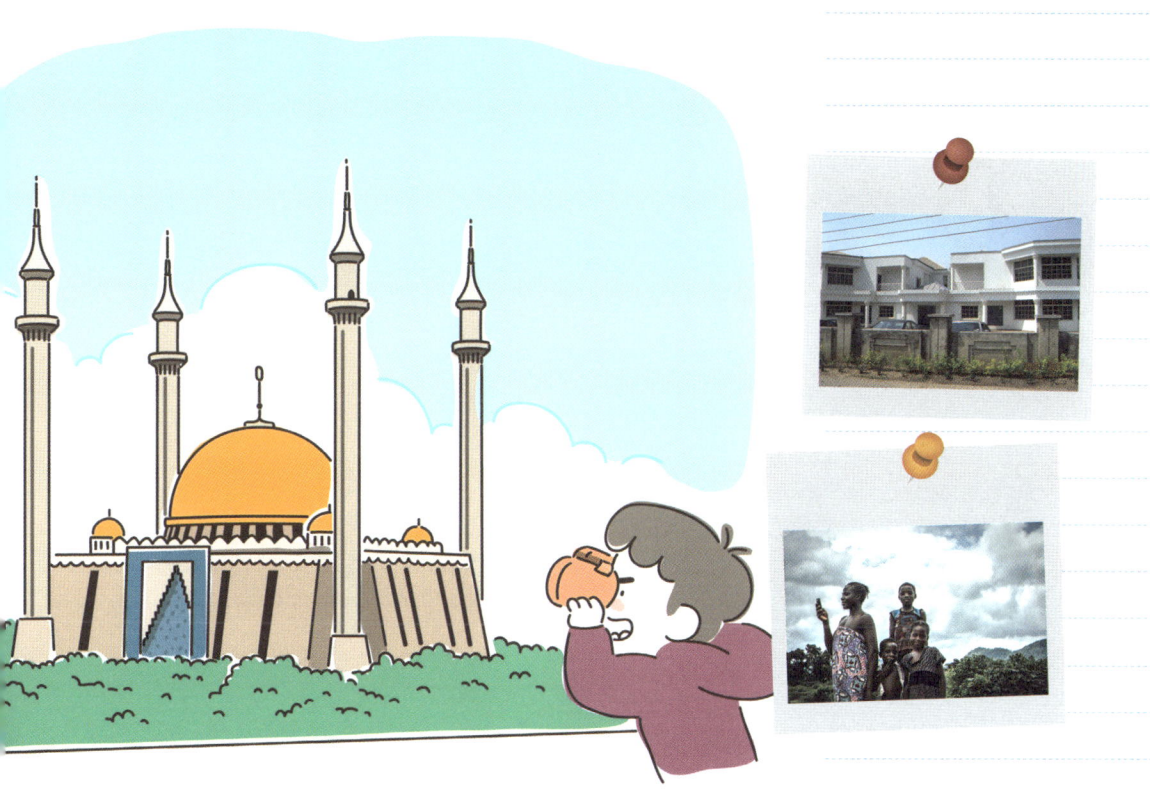

　나이지리아 정부는 1976년 수도를 라고스에서 아부자로 옮기기로 했어요. 라고스는 인구가 너무 많고 더 이상 확장할 만한 공간도 없었기 때문이에요. 사실 이보다 더 큰 이유는 종족 갈등, 종교 갈등 때문이었어요. 북부 사람들은 이슬람교를 많이 믿고, 남부 사람들은 기독교를 많이 믿는데, 서로 자기 지역에 수도를 두고 싶었어요.

　나이지리아 정부는 여러 갈등을 해소하기 위해서 국토 중앙에 있는 아부자로 수도 이전을 결정했고, 1976년부터 수도 건설을 시작했어요. 그래서 아부자는 1991년 공식적으로 나이지리아의 수도가 되었어요.

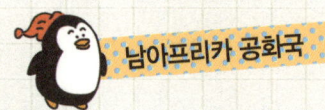

프리토리아

① 위치: 남아프리카 공화국 북서부에 위치
② 인구: 약 740,000명
③ 면적: 687㎢(서울 605㎢)
④ 수도 지위 시기: 1961년

광물 자원이 풍부해요. 흑인(75%)과 백인(13%)이 함께 살고, 영어를 공용어로 사용해요. 대다수가 기독교를 믿어요. 17세기부터 네덜란드 사람들이 이주하여 살았고, 1815년부터 영국의 식민지가 되었어요. 1910년 영국 연방의 일원으로 독립하였고, 1961년 연방에서 탈퇴하여 현재의 공화국이 되었어요. 1989년에 흑인을 차별하는 흑백 분리법이 폐지되고, 1994년 총선거를 실시하여 넬슨 만델라가 흑인 최초로 대통령에 당선되었어요.

트란스발 공화국의 도시, 프리토리아

남아프리카 공화국 북서부 아피스강 양변에 걸쳐 있어요.

사실 남아프리카 공화국의 수도는 셋이에요. 프리토리아는 행정 수도이고, 입법 수도는 케이프타운, 사법 수도는 블룸폰테인이에요.

1652년 아프리카 대륙에 무역 기지를 건설하려고 온 네덜란드의 동인도 회사 직원들이 케이프타운을 식민지로 삼고, 자신들을 보어인이라고 불렀어요.

1815년 케이프타운이 영국인들에게 점령당해 보어인들은 케이프타운 북동쪽으로 쫓겨났고, 그곳에 트란스발 공화국과 오렌지 자유국을 세웠어요. 하지만 영국은 다이아몬드와 금광이 발견된 두 나라를 점령해 식민지로 삼았지요. 남아프리카 공화국이 독립한 뒤 수도를 정할 때, 오렌지 자유국의 블룸폰테인, 트란스발 공화국의 프리토리아, 영국 식민지 케이프타운 세 도시가 다투자 수도 기능을 분산해 수도가 셋이 되었어요.

프리토리아는 남아프리카 공화국의 철강 대부분이 생산되는 상공업 도시이며, 프리토리아 대학교, 남아프리카 대학교 등이 있는 교육 도시예요.

트리폴리

① **위치:** 리비아 북서부에 위치
② **인구:** 약 1,100,000명
③ **면적:** 400㎢(서울 605㎢)
④ **수도 지위 시기:** 1951년

공식 명칭은 '리비아 사회주의 인민 공화국'이에요. 국민의 대부분은 아랍계 베르베르족이에요. 아랍어가 공용어이고, 대다수 국민이 이슬람교를 믿어요. 오래전 로마 제국과 오스만 제국의 지배를 받았고, 20세기 초에는 이탈리아의 지배를 받았어요. 1951년 리비아 연합 왕국으로 독립했다가 1969년 카다피가 일으킨 군사 쿠데타로 공화국이 되었어요. 2011년 카다피 정권은 시민군에 의해 무너졌지만 지금까지도 좀 불안정한 상태예요.

세 개의 도시, 트리폴리

리비아 북서부, 지중해 연안의 바다가 내려다보이는 암벽 돌출부에 있어요. 아랍어로는 '타라불루스 알가르브'예요.

기원전 1000년경 페니키아인들이 무역할 곳을 찾아 서쪽으로 이주하면서 이곳에 오에아를 건설했어요. 기원전 7세기경 카르타고 인들이 오에아와 사브라타, 렙티스 마그나를 점령하여 식민 도시를 건설하면서 그리스어로 '세 개의 도시'를 뜻하는 '트리폴리스'라는 이름을 붙였어요. 트리폴리스는 북서 아프리카 지역 이슬람 세력의 중요한 항구 도시이자, 사하라 무역로를 오가는 상인들이 마지막으로 머무는 상업과 교통의 요충지였어요. 그래서 다른 민족들의 침략도 많이 받았지요.

트리폴리는 리비아가 1951년 리비아 연합 왕국으로 독립했을 때 수도가 되어 지금까지 이어졌어요.

트리폴리 도심은 오리엔트풍의 구시가지와 이탈리아풍의 신시가지로 구분되는데, 구시가지에는 로마 제국 시기의 개선문 등 오래된 유적이 많고, 신시가지에는 극장, 호텔, 관청 등 현대적인 빌딩들이 해변을 따라 늘어서 있어요.

라바트

① **위치:** 모로코 북서부에 위치
② **인구:** 약 620,000명
③ **면적:** 117㎢(서울 605㎢)
④ **수도 지위 시기:** 1956년

공식 명칭은 '모로코 왕국'이에요. 아랍인(60%)과 원주민인 베르베르족(35%)이 함께 살아요. 아랍어를 공용어로 사용하고, 대다수 국민이 이슬람교를 믿어요. 8세기경 이슬람 왕조를 세웠고, 11세기에는 알제리, 리비아, 세네갈, 에스파냐 남부에 이르는 대제국을 이루었어요. 19세기부터 유럽 열강들이 침략했고, 1912년부터 프랑스의 지배를 받다가 1956년 독립 왕국을 세웠어요.

아름다운 승리의 도시, 라바트

모로코 최대 도시인 카사블랑카 다음가는 대도시예요. 카사블랑카 북동쪽, 대서양 연안의 부레그레그강 하구에 있으며, 북아프리카에서 가장 아름다운 도시 중 하나지요.

12세기에 이 지역을 다스린 알모하드 왕조가 병사들이 머물 병

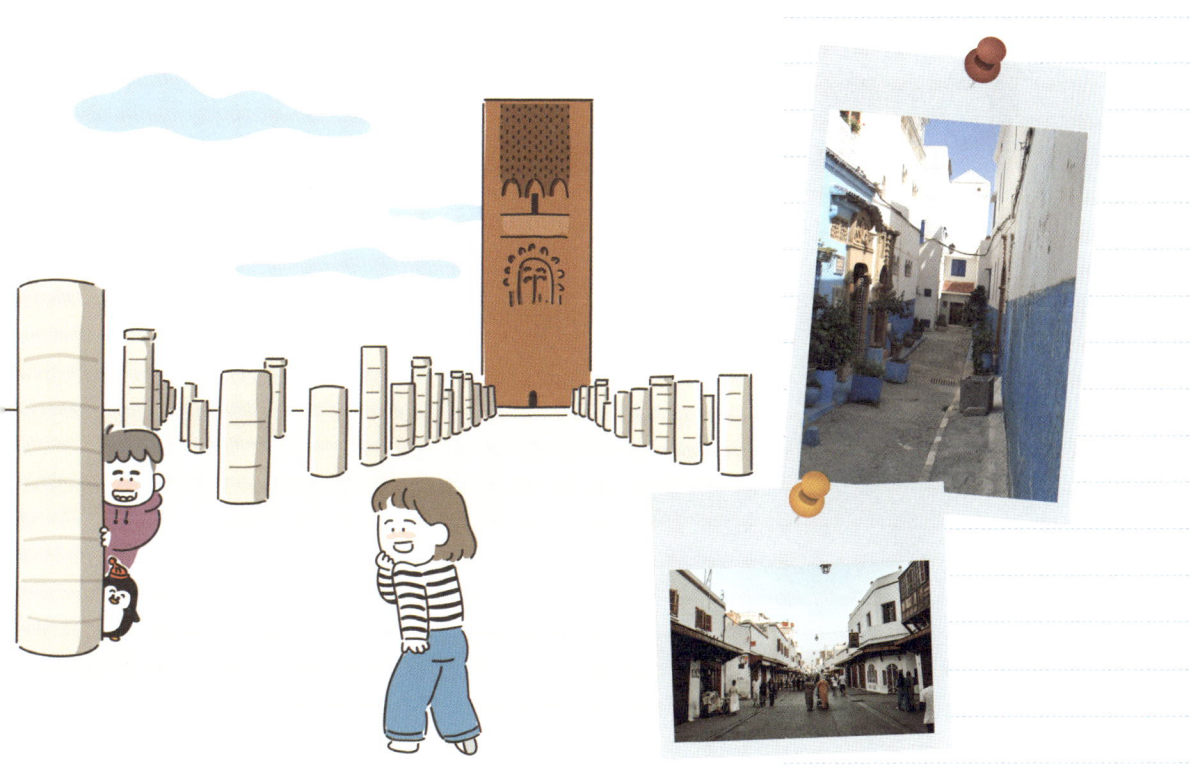

영을 지으면서 '라바트 엘파티프'라고 부른 데서 도시 이름이 유래되었어요. 리바트의 정식 명칭이며, '승리의 병영지'라는 뜻이에요.

알모하드 왕조의 세 번째 술탄 야쿠브 알 만수르는 1191년부터 이곳에 거대한 요새 성벽을 쌓아올렸는데, 그 성벽 안이 오늘날 도시로 발전했어요. 이때 세워진 웅장한 하산 탑은 현재까지 남아서 도시를 지켜보고 있어요.

1912년 모로코가 프랑스의 보호령이 되면서 라바트는 행정 중심지가 되었고, 1956년 모로코 왕국의 수도로 지정되었어요.

 모잠비크

마푸토

① **위치:** 모잠비크 남쪽에 위치
② **인구:** 약 1,200,000명
③ **면적:** 346㎢(서울 605㎢)
④ **수도 지위 시기:** 1975년

공식 명칭은 '모잠비크 공화국'이에요. 국민은 마쿠알로웨족이 40퍼센트로 가장 많고, 그 외 여러 부족들로 구성되어 있어요. 포르투갈어를 공용어로 사용하고, 개신교(30%)와 이슬람교(10%) 외에 토속 신앙을 믿는 사람이 많아요. 모잠비크는 1498년 인도 항로를 발견한 포르투갈의 바스쿠 다가마에 의해 유럽에 알려졌어요. 포르투갈의 식민 지배를 받다가 1975년 독립했어요.

아카시아의 도시, 마푸토

인도양 마푸토만의 에스피리투산투 삼각강의 북쪽 연안에 있는 항구 도시예요.

도시 이름 마푸토는 모잠비크의 종족 이름 중 하나이기도 하고, 마푸토만 인근의 강 이름이기도 해요.

마푸토는 18세기에는 포르투갈의 요새로 발전했고, 19세기에 시가 되었어요.

모잠비크가 포르투갈의 식민지였을 때 모잠비크의 수도는 북부의 모잠비크섬이었어요. 마푸토가 모잠비크의 중심 도시가 된 것은 19세기 후반 트란스발 공화국의 요하네스버그 인근에서 금광이 발견되면서부터예요. 트란스발 공화국은 금을 운반하기 위해 수도 프리토리아에서 가장 가까운 항구가 있는 마푸토만까지 철도를 놓았고 그때부터 항구 도시로 성장했어요.

마푸토는 모잠비크의 정치, 행정, 산업의 중심지예요. 하천 유역은 땅이 비옥하여 사탕수수, 땅콩, 밀 등이 재배되고 있고, 시멘트, 맥주, 제화 등의 공업도 발달했어요. 시내 곳곳 아카시아 나무를 가로수로 심어 놓아 '아카시아의 도시'라는 별명이 있어요.

다카르

① **위치**: 세네갈 서쪽 끝에 위치
② **인구**: 약 2,600,000명
③ **면적**: 82㎢(서울 605㎢)
④ **수도 지위 시기**: 1960년

공식 명칭은 '세네갈 공화국'이에요. 국민은 월로프족이 44퍼센트로 가장 많고, 그 외 여러 부족이 함께 살아요. 프랑스어를 공용어로 사용하고, 국민 대다수가 이슬람교를 믿어요. 15세기부터 포르투갈이 침략했고, 19세기 후반에 프랑스의 식민지가 되었어요. 1958년에는 프랑스의 자치 공화국이 되었다가 1960년 독립했어요.

다카르 랠리의 도시, 다카르

서아프리카 케이프베르데 반도의 남동쪽에 있는 항구 도시예요. 특히 다카르항은 베르데곶의 석회암 절벽과 방파제의 보호를 받고 있어서 서아프리카에서 가장 훌륭한 항구로 손꼽혀요.

다카르라는 이름은 이곳에 살았던 레부족의 마을 이름에서 따왔어요. '사람들이 피할 수 있는 곳'이라는 뜻이고, 월로프어로는 '타마린드 나무'를 가리키는 말이기도 해요.

15세기 중반에는 포르투갈의 노예 무역상들이 드나들기 시작했고, 16세기에는 인도로 가는 배들이 들렀다 가는 중요한 기착지였어요. 그래서 16세기부터 포르투갈과 네덜란드가 이 지역을 두고 싸웠지만 1659년 프랑스가 이곳을 점령하여 식민지로 삼았어요.

1885년에 생루이 지역과 다카르를 연결하는 철도가 개통되면서 다카르는 빠르게 성장했어요. 다카르는 1902년 프랑스령 서아프리카 전체의 수도가 되었고, 1960년 세네갈이 공화국으로 독립할 때 수도가 되어 지금까지 이어졌어요.

다카르항을 통해서 '세네갈의 황금'이라 불리는 땅콩 수출이 활발해요. 또한 다카르는 세계적 자동차 경주 대회 '다카르 랠리'의 종착점으로 유명해요. 1994년까지는 파리가 출발점, 다카르가 종착점이었는데, 지금은 해마다 출발점과 종착점이 바뀌며 열려요.

하르툼

① **위치:** 수단 중부에 위치
② **인구:** 약 640,000명
③ **면적:** 971km²(서울 605km²)
④ **수도 지위 시기:** 1956년

 공식 명칭은 '수단 공화국'이에요. 흑인(50%)과 아랍인(40%)이 국민의 대다수예요. 아랍어가 공용어인데 여러 부족의 언어를 함께 사용해요. 국민의 70퍼센트 정도가 이슬람교를 믿어요. 오스만 제국과 이집트의 지배를 받다가 1899년 이집트를 정복한 영국의 식민지가 되었어요. 1956년 독립한 뒤 쿠데타가 여러 번 일어나 정치적으로 혼란을 겪었어요. 남부와 북부의 갈등이 심했는데, 남부 지역은 2011년 남수단으로 독립해서 나갔어요.

청나일강과 백나일강이 만나는 도시, 하르툼

 카르툼이라고 발음하기도 해요. 우간다에서 발원하는 백나일강과 에티오피아에서 발원하는 청나일강이 만나는 곳 남쪽에 있어요. 나일강은 여기에서 이집트를 거쳐 지중해로 흘러가요.

도시 이름은 아랍어로 '코끼리의 코'라는 뜻으로, 이곳 지형이 두 개의 강 사이에 가늘고 길게 놓여 있는 데서 유래된 말이에요.

하르툼은 현재 수단의 정치, 경제, 문화의 중심지이며, 무역 및 교통의 중심지예요. 철로로 포트 수단과 알우바이이드와 연결되고, 청나일강과 백나일강은 수상 교통에 이용되고 있어요.

하르툼에서는 가톨릭 성당, 영국 성공회, 콥트교 교회, 그리스 정교회, 마론교 교회, 모스크 등의 여러 종교 건축물들을 함께 볼 수 있어요.

 알제리

알제

① 위치: 알제리 북부 서지중해 연안에 위치
② 인구: 약 3,700,000명
③ 면적: 363㎢(서울 605㎢)
④ 수도 지위 시기: 1962년

공식 명칭은 '알제리 민주 인민 공화국'이에요. 국민의 80퍼센트가 아랍인, 20퍼센트가 베르베르인이에요. 아랍어가 공용어이지만 프랑스어도 많이 사용해요. 대다수 국민이 이슬람교를 믿어요. 오랫동안 오스만 제국의 지배를 받았고, 1830년부터 프랑스의 식민지가 되었어요. 1954년부터 독립 운동을 한 끝에 1962년 독립했어요.

지중해 무역의 중심 도시, 알제

알제는 서지중해 연안에 있는 알제리 최대의 항구이자, 정치, 경제, 문화의 중심지예요. 알제라는 이름은 아랍어로 '작은 섬'을 뜻하는 '알자자이르'에서 유래된 말이에요.

알제는 교통의 요지로 항구에는 큰 상선이 정박할 수 있는 부두를 갖추고 있으며, 북아프리카에서 수입되는 많은 양의 석탄 저장

지이고, 오래전부터 지금까지 지중해 무역의 중심 도시예요.

　에스파냐 등 유럽의 여러 나라가 알제를 넘봤고 오랫동안 오스만 제국의 지배를 받았어요. 1830년에는 프랑스가 알제를 점령한 후 근대적인 항구 시설을 갖춘 프랑스풍의 근대 도시로 탈바꿈시켜 식민지 알제리의 수도로 삼았어요. 그 뒤 1962년 알제리가 독립했을 때 수도가 되어 지금까지 이어졌어요.

　알제는 오래전 고대 로마 시대와 오스만 제국 시대에 건설된 구시가지와 프랑스가 건설한 신시가지를 함께 볼 수 있는 도시예요. 도심에서는 가톨릭 성당과 이슬람교 사원을 모두 볼 수 있지요.

루안다

① **위치:** 앙골라 북부 대서양 연안에 위치
② **인구:** 약 2,400,000명
③ **면적:** 113㎢(서울 605㎢)
④ **수도 지위 시기:** 1975년

공식 명칭은 '앙골라 공화국'이에요. 오빔분두족, 킴분두족, 바콩고족 등 여러 부족이 함께 살아요. 포르투갈어가 공용어이지만 토착 부족은 각자 고유 언어를 사용해요. 15세기부터 포르투갈의 지배를 받았지만 1956년부터 독립 운동을 한 끝에 1975년 독립했어요. 이후 내전이 일어나 혼란을 겪다가 1995년부터 정치적으로 안정을 찾았어요.

대서양 벵고만에 면한 항구 도시, 루안다

대서양의 벵고만에 면한 항구 도시로 교통의 요지이자, 앙골라 최대의 도시예요. 루안다라는 이름은 원주민 말에서 유래되었는데, 이들이 귀중하게 여기는 조개껍데기를 채취하여 왕에게 바친다는 뜻이에요.

루안다는 1575년 포르투갈의 파울루 디아스 데 노바이스가 노예 수출항으로 건설한 도시예요. 19세기 초반까지도 노예 무역이 이루어진 아픔이 있어요. 루안다는 로비토항과 함께 앙골라의 중요한 무역항이에요. 이곳에서는 커피, 목화, 금강석, 철, 소금 등을 수출하고, 식품, 담배, 섬유, 시멘트 등의 공업이 발전했어요. 특히, 1955년에는 석유가 발견되어 정유 공장이 세워졌고, 내륙으로 통하는 철도 노선이 약 600킬로미터 떨어진 말랑게까지 이어져 있어요.

도심에는 포르투갈인들이 주로 살았는데, 독립 후에 포르투갈인들은 모두 떠났고, 쿠바인들이 많이 들어와서 지금은 군인과 민간인을 비롯한 쿠바 공동체가 그 자리를 채우고 있어요. 높은 지대에 있는 도시 외곽 지구에는 주로 빈민층이 살고 있어요.

아디스아바바

① 위치: 에티오피아 중앙부 고원 지대에 위치
② 인구: 약 3,200,000명
③ 면적: 527㎢(서울 605㎢)
④ 수도 지위 시기: 1889년

공식 명칭은 '에티오피아 연방 민주 공화국'이에요. 오모로족과 암하라족 외 80여 개 부족이 있어요. 암하릭어와 영어가 공용어이며, 이슬람교와 에티오피아 정교를 많이 믿어요. 기원전 1000년경 고대 에티오피아 왕국이 세워진 뒤 오랫동안 독립 국가였어요. 1889년 이탈리아의 보호령이 되었다가 1896년 독립했어요. 1935년 무솔리니에게 다시 정복당했다가 1944년 완전히 독립했어요. 커피의 원산지로 유명해요.

아름다운 고원 도시, 아디스아바바

적도에 가깝지만 해발 2,400미터의 고산 지대에 있어서 기후는 쾌적한 편이에요. 옛날 에티오피아에서는 식량과 땔감용 나무가 있는 곳을 황제가 텐트를 치면 그곳이 도시이고 수도였어요.

이곳이 수도가 된 것은 메넬리크 2세가 황제에 오른 1889년이에요. 타이투 황후는 메넬리크 2세를 설득하여 지금의 아디스아바바의 온천 지역에 황제의 집을 짓고 그 지역의 땅을 귀족들에게 나누어 주도록 했어요. 황후는 여기에 '새로운 꽃'이라는 뜻의 '아디스아바바'로 이름을 지었어요.

점점 이곳에 땔감이 부족하게 되자 황제는 1905년 오스트레일리아에서 유칼립투스 나무를 수입하여 심었고, 그 나무들이 퍼져서 마을은 숲으로 뒤덮이게 되었어요. 이렇게 땔감 문제가 해결되자 흙벽에 지붕을 얹은 집을 짓고 근대적인 건축물들도 세웠어요.

현재 아디스아바바는 에티오피아의 교육, 행정의 중심지이자, 교통의 중심지예요. 여러 대학과 연구 기관, 정부 청사, 국제기구가 이곳에 있어요.

카이로

① **위치:** 이집트 북부 나일강 하류에 위치
② **인구:** 약 9,500,000명
③ **면적:** 453km²(서울 605km²)
④ **수도 지위 시기:** 1922년

공식 명칭은 '이집트 아랍 공화국'이에요. 국민 대부분은 이집트인이고, 아랍어를 공용어로 사용하며, 대다수 국민이 이슬람교를 믿어요. 고대 이집트 문명의 발상지이며, 피라미드와 스핑크스 등의 유적으로 유명해요. 7세기부터 이슬람 문화의 영향을 받았고, 18세기부터 프랑스와 영국의 지배를 받았어요. 1922년 독립할 땐 왕정 국가였지만 1952년 쿠데타가 일어나 공화국으로 바뀌었어요.

아프리카 최대의 도시, 카이로

나일강 하류가 로제타와 다미에타 두 지류로 갈라지는 곳 바로 남쪽에 있어요. 흔히 이집트를 나일강의 선물이라고 하는데, 나일강이 주기적으로 범람하여 비옥한 토지를 만들었고, 그 덕에 이집트가 발전할 수 있었기 때문이에요.

　카이로의 출발점은 642년 아라비아반도에서 건너와 이집트를 점령한 아무르 이븐 알 아스가 군대의 주둔지로 건설한 '푸스타트'예요. 그 뒤로 여러 이슬람 왕조가 이 지역을 빼앗고 빼앗겼어요.

　카이로 도심은 구시가지와 유럽풍의 신시가지로 나누어져요. 구시가지는 카이로의 대표적인 이슬람 사원인 '알아즈하르 모스크'를 중심으로 남북으로 길게 자리 잡고 있어요.

　유럽풍의 신시가지는 19세기에 이집트 최후의 왕조인 무함마드 알리 왕조 때 건설되었어요. 이곳에는 정부 청사, 은행, 호텔 등이 들어서 있어요.

하라레

① 위치: 짐바브웨 북동부에 위치
② 인구: 약 1,500,000명
③ 면적: 960㎢(서울 605㎢)
④ 수도 지위 시기: 1953년

공식 명칭은 '짐바브웨 공화국'이에요. 쇼나족(70%)과 은데벨레족(16%)이 함께 살아요. 영어를 공용어로 사용하고, 대부분의 국민은 개신교와 토착 종교를 믿어요. 19세기 말부터 영국의 보호령이 되었어요. 1953년 말라위, 잠비아와 함께 중앙아프리카 연방을 만들었지만 1963년 말라위, 잠비아가 독립하면서, 로디지아라는 이름으로 영국의 직할 식민지가 되었어요. 흑인 해방 운동이 일어나면서 1980년 완전히 독립했어요.

중앙아프리카 연방의 수도, 하라레

짐바브웨 북동부, 해발 1,400미터 지점의 하이벨트 고원에 있어요. 도시 이름 하라레는 이곳에 살고 있었던 원주민 추장 '네하라웨'의 이름에서 따왔어요. 영국령 시절에는 당시 영국 총리였던 솔즈

베리 경의 이름을 따서 이름이 솔즈베리로 바뀌었어요. 솔즈베리는 1899년 모잠비크의 베이라 항구와 철도로 연결되면서 발전하기 시작했어요. 이후 유통 및 광업의 중심지가 되었고, 1935년에는 시로 승격되었어요. 제2차 세계 대전이 끝난 후 산업화가 진행되면서 많은 인구가 유입되었고, 중심 도시로 발전했이요.

1953년 짐바브웨가 말라위, 잠비아와 함께 중앙아프리카 연방을 결성했을 때 솔즈베리는 연방의 수도가 되었고, 1980년 독립 후에 원래 이름 하라레를 되찾았어요.

야운데

① **위치**: 카메룬 중남부에 위치
② **인구**: 약 3,000,000명
③ **면적**: 180㎢(서울 605㎢)
④ **수도 지위 시기**: 1960년

공식 명칭은 '카메룬 공화국'이에요. 카메룬고원족과 적도반투족, 그 외 200여 부족이 함께 살아요. 프랑스어와 영어를 공용어로 사용하고, 국민들은 개신교와 토착 종교, 이슬람교를 믿어요. 19세기 말에 독일의 식민지가 되었다가 제1차 세계 대전이 끝나고 동카메룬은 프랑스, 서카메룬은 영국의 지배를 받았어요. 1960년 동카메룬이 독립했고, 1961년 영국령 중 북부 지역은 나이지리아와 통합되었어요. 1961년 남부 지역은 동카메룬과 통합하여 카메룬 연방 공화국이 되었다가 1984년 카메룬 공화국으로 이름을 바꾸었어요.

카카오 재배의 중심 도시, 야운데

카메룬 중남부 니옹강과 사나가강 사이 숲이 우거진 고원 지대에 있어요. 야운데는 카메룬의 정치, 행정의 중심지이자, 철도와 항공 등 교통의 요충지예요. 야운데는 원주민 말로 '땅콩'을 뜻해요.

야운데의 도시 역사는 그리 오래되지 않았어요. 카메룬이 독일의 식민지였던 1888년에 상아 무역의 거점으로 건설되었어요.

제1차 세계 대전이 끝나고 동카메룬이 프랑스의 식민 지배를 받게 되었을 때 1922년부터 야운데는 프랑스령 카메룬의 수도가 되었어요. 1940년에는 두알라로 수도가 바뀌었다가 1960년 동카메룬이 프랑스로부터 독립했을 때 다시 수도가 되어 지금까지 이어졌어요.

야운데는 적도 근처에 있지만 시원하고 습도가 낮기 때문에 살기 좋아요. 담배, 식료품, 도자기, 유리 등의 제조업과 목재 가공업이 발달해 있고, 커피, 카카오, 사탕수수, 고무의 집산지이기도 해요.

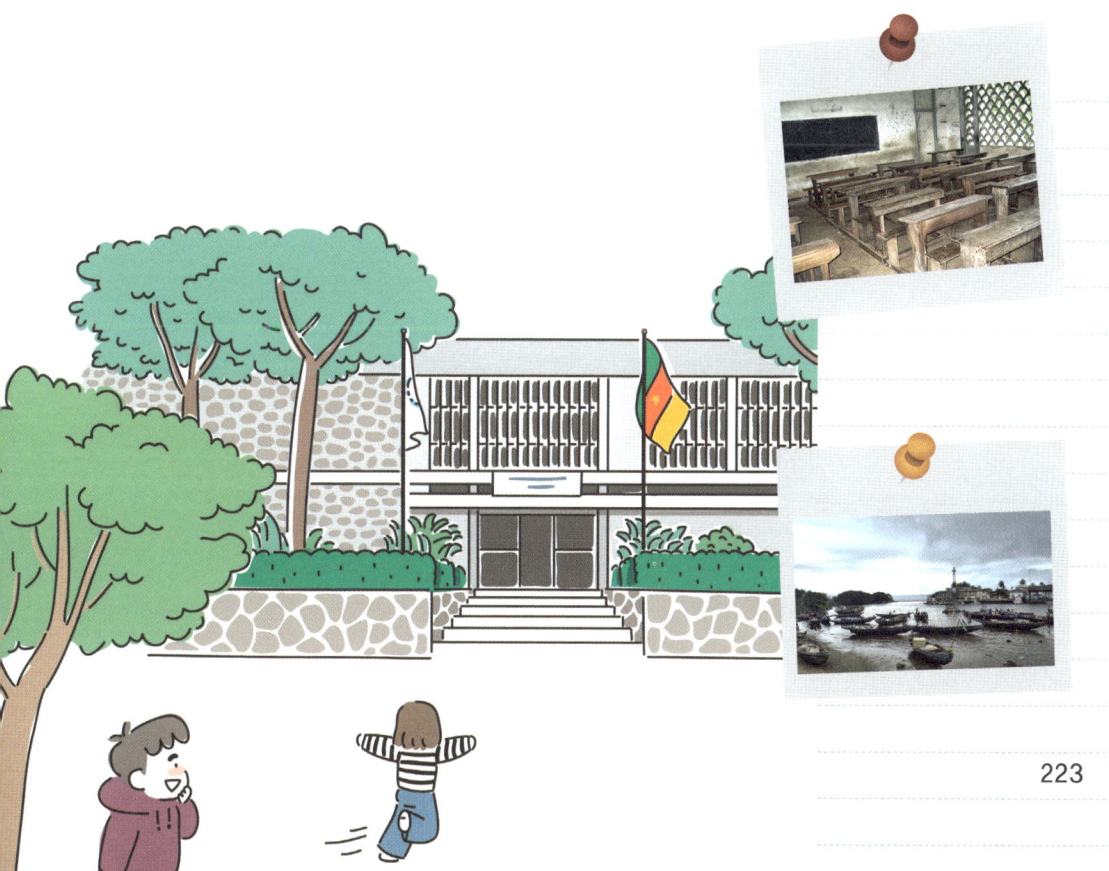

 케냐

나이로비

① **위치:** 케냐 중남부에 위치
② **인구:** 약 3,900,000명
③ **면적:** 696㎢(서울 605㎢)
④ **수도 지위 시기:** 1963년

공식 명칭은 '케냐 공화국'이에요. 키쿠유족, 루야족, 루오족, 그 외 40여 개 부족들이 함께 살고, 영어를 공용어로 사용해요. 국민의 80퍼센트 정도가 개신교와 가톨릭교를 믿어요. 15세기 후반 포르투갈이 침략했고, 1895년 영국의 보호령이 되었어요. 1950년대부터 독립 운동을 해 1963년 독립했어요.

야생 동물 보호 도시, 나이로비

케냐 중남부 해발 1,700미터 지점의 고원에 있어요. 직도에서 무척 가깝지만 고원 지대여서 연평균 기온은 18도 정도로 쾌적해요. 원래 이곳은 마사이족과 키쿠유족의 거주지였어요. 도시 이름은 마사이어로 '차가운 물'을 뜻하는 '에와소 니이로비' 또는 '엔카레 나이로비'에서 따왔어요.

1896년 인도양 연안의 몸바사 항에서 우간다의 빅토리아호 연안을 연결하는 철도 건설을 위한 전진 기지가 나이로비에 만들어지고, 1899년 나이로비까지 철도가 이어져 중요한 도시로 성장했어요. 1900년경 인도인들이 세운 작은 시장이 커지면서 나이로비는 교역의 중심지가 되었어요. 그 뒤 각 지방에서 이주민들이 모여들어 아프리카에서 가장 큰 도시 중 하나가 되었어요. 1905년 동아프리카 영국 보호령의 수도가 되었고, 1963년 케냐가 독립하면서 수도가 되어 지금까지 이어졌어요.

1946년에 국립공원으로 지정된 나이로비 국립공원은 아프리카 자연공원으로서는 규모가 크지 않지만 교통이 편리하여 전 세계 관광객들이 찾는 곳이에요. 이곳에는 사자, 하마, 치타 등 많은 야생 동물들이 살아요. 나이로비 국립공원 덕분에 나이로비 전체가 동아프리카의 관광, 탐험 기지로 알려져 있어요.

야무수크로

① **위치**: 코트디부아르 중남부에 위치
② **인구**: 약 350,000명
③ **면적**: 3,500㎢(서울 605㎢)
④ **수도 지위 시기**: 1983년

공식 명칭은 '코트디부아르 공화국'이에요. 나라 이름은 '상아 해안'이라는 뜻이에요. 영어권에서는 '아이보리 코스트'로 불러요. 바울레족, 아그니족 등 60여 개 부족들이 살고, 프랑스어를 공용어로 사용해요. 국민의 35퍼센트는 이슬람교를, 20퍼센트는 개신교를, 25퍼센트는 토착 종교를 믿어요. 15세기부터 포르투갈인들이 황금과 상아, 노예들을 약탈해 갔고, 1893년부터 프랑스의 자치령이 되었어요. 1940년대부터 독립 운동을 해 1960년 독립했어요.

우푸에부아니가 만든 도시, 야무수크로

야무수크로는 항구 도시 아비장에서 북서쪽으로 270킬로미터 떨어진 곳에 있어요. 야무수크로는 1960년대 이전에는 작은 마을이었지만 이곳 출신의 독립 운동 지도자인 '우푸에부아니'가 1960년 코트디부아르의 초대 대통령이 되면서 빠르게 발전했어요.

우푸에부아니는 자신의 고향을 새로운 수도로 만들기로 결심했어요. 우푸에부아니는 야무수크로를 인공 호수까지 갖춘 현대적인 도시로 탈바꿈시킨 뒤 1983년 수도를 아비장에서 이곳 야무수크로로 옮겼어요.

원래 수도였던 항구 도시 아비장은 교통의 요지로 1934년 프랑스령 서아프리카의 수도가 되었고, 1960년 독립 후에도 코트디부아르의 수도가 되었어요. 아비장은 1983년 법적인 수도 자리를 야무수크로에 내주었지만 지금도 코트디부아르의 최대 도시이자, 경제 중심지예요.

브라자빌

① **위치:** 콩고 남부 콩고강 북쪽에 위치
② **인구:** 약 1,800,000명
③ **면적:** 100㎢(서울 605㎢)
④ **수도 지위 시기:** 1960년

공식 명칭은 '콩고 공화국'이에요. 콩고족, 상가족, 테케족, 엠보치족 등 여러 부족이 살고, 프랑스어를 공용어로 사용해요. 개신교와 토착 종교를 많이 믿어요. 18세기부터 프랑스 선교사가 이 지역에서 활동하였고, 1885년부터 오랫동안 프랑스의 지배를 받다가 1960년 독립했어요. 1963년 아프리카 최초의 사회주의 국가가 되었고, 1970년 국명을 콩고 인민 공화국으로 바꾸었어요. 1990년 사회주의를 포기하면서 콩고 공화국이 되었어요.

콩고강의 도시, 브라자빌

브라자빌은 콩고강 하구에서 약 500킬로미터 상류에 있는 스탠리풀 호수 북서쪽에 있어요. 남쪽에 있는 '콩고 민주 공화국'의 수도 킨샤사와는 콩고강을 사이에 두고 마주보고 있어요.

　브라자빌이라는 이름은 이 도시를 건설한 프랑스 탐험가 피에르 사보르냥 드 브라자의 이름에서 따왔어요.

　브라자빌의 항구 시설은 제2차 세계 대전 이후 확장되었는데, 수송 화물의 절반가량은 중앙아프리카의 다른 국가들로 가는 중계 무역품이에요. 이곳의 증기선들은 콩고강의 상류까지 운항되고 있어요. 브라자빌은 대서양 연안의 항구 도시 푸앵토누아르와는 철도로 연결되면서 중요한 중계 무역지가 되었고, 두 도시가 함께 발전했어요.

도도마

① 위치: 탄자니아 중앙에 위치
② 인구: 약 570,000명
③ 면적: 2,576km²(서울 605km²)
④ 수도 지위 시기: 1974년

공식 명칭은 '탄자니아 합중국'이에요. 수쿠마족, 냐메우지족 등 120여 개의 부족들이 살고, 스와힐리어와 영어를 공용어로 사용해요. 이슬람교, 개신교, 토착 종교를 고루 믿어요. 탄자니아는 1964년 '탕가니카 공화국'과 '잔지바르 공화국'이 연합하여 성립된 나라예요. 탕가니카는 19세기 후반부터 독일과 영국의 지배를 받다가 독립하여 1962년 탕가니카 공화국이 되었어요. 잔지바르는 1890년 이후 영국의 보호령이 되었다가 1963년 입헌군주국으로 독립했고, 1964년 잔지바르 공화국이 되었어요.

탄자니아의 공식 수도, 도도마

탄자니아의 공식적인 법률상의 수도예요. 실질적인 수도는 탄자니아 동부 해안의 항구 도시 다르에스살람이에요.

탄자니아 정부는 1973년 수도를 다르에스살람에서 도도마로 옮기는 것에 대해 국민투표를 실시했어요. 투표 결과, 도도마로 수도 이전이 결정되었고, 1974년 도도마는 탄자니아의 공식 수도로 지정되었어요. 탄자니아는 1980년대부터 수도를 도도마로 옮기기 시작했는데, 1990년대 중반 입법부만 도도마로 옮겨졌고, 나머지 정부 기관은 여전히 다르에스살람에 있어요.

도도마는 해발 고도 1,300미터 고지대에 있어요. 기후가 쾌적해 살기가 좋아요. 목축과 농업이 주요 산업인데, 땅콩, 옥수수, 쌀, 밀 등을 재배하고, 커피와 사이잘삼의 집산지이기도 해요. 탄자니아의 다른 도시인 다르에스살람, 탕가, 아루샤 등과 항공과 철도로 연결되어 있어요.

로메

① 위치: 토고 남서쪽 기니만 연안에 위치
② 인구: 약 950,000명
③ 면적: 90km²(서울 605km²)
④ 수도 지위 시기: 1897년

공식 명칭은 '토고 공화국'이에요. 에웨족, 미나족 등 30여 개 부족들이 살고, 프랑스어를 공용어로 사용해요. 국민의 절반 정도가 토착 종교를 믿고, 그 외 이슬람교와 기독교를 믿어요. 19세기 후반부터 독일의 지배를 받다가 제1차 세계 대전이 끝나면서 영국과 프랑스의 지배를 받았어요. 그중 프랑스가 지배하는 동부는 1956년 프랑스령 자치 공화국이 되었다가 1960년 독립했어요. 이후 쿠데타가 일어나 혼란스러웠지만 1990년대 이후부터 안정을 찾았어요.

기니만 연안의 항구 도시, 로메

토고 남서쪽 최남단, 기니만 연안에 있는 항구 도시예요. 시의 서쪽은 가나 공화국과 국경을 접하고 있어요. 로메는 18세기경 원주민 에웨족이 건설했어요. 이름은 '물품 거래 장소'라는 뜻이에요.

지금도 기니만에 접한 중요한 항구 도시인데, 커피, 코코아, 파파야, 면화, 야자 등을 주로 수출해요.

로메는 400여 미터가 넘는 방파제를 건설하면서 빠르게 성장할 수 있었어요. 방파제 건설 이후 원자재 수출항으로서의 입지를 굳혔고, 1960년대부터는 항구 시설을 더욱 현대화하여 연간 150만 톤 이상의 물품을 실을 수 있게 되었어요.

로메는 또 세 개의 철도 노선을 가지고 있는 교통의 요지이기도 해요. 로메에서 북동쪽으로 크팔리메, 북쪽으로 소코데, 동쪽 해안의 아네호를 지나 베냉의 수도 포르토노보까지 철도로 연결되어 있어요.

튀니스

① **위치:** 튀니지 북부 튀니스호 연안에 위치
② **인구:** 약 2,200,000명
③ **면적:** 212㎢(서울 605㎢)
④ **수도 지위 시기:** 1956년

공식 명칭은 '튀니지 공화국'이에요. 국민은 대부분 아랍인들이에요. 공용어는 아랍어인데, 프랑스어도 많이 사용해요. 대다수 국민이 이슬람교를 믿어요. 고대 페니키아인들이 카르타고 제국을 건설한 곳이며, 7세기 이후부터 아랍인들의 지배를 받았어요. 16세기부터 오스만 제국의 지배를 받다가 1881년부터 프랑스의 보호령이 되었고, 1956년 독립했어요.

고대 카르타고와 로마 시대의 도시, 튀니스

튀니지 북부 튀니스호 뒤쪽에 있는 항구 도시예요. 기원전 2000년경 베르베르인들이 처음 살았을 때는 '투네스'라 불렸어요.

기원전 146년에는 로마인들이 쳐들어와 이곳에 있던 카르타고와 튀니스를 파괴해 버렸어요. 로마 제국 초대 황제인 아우구스투스가 재건했는데, 이때부터 농업이 발달하고 해상 교통 중심 도시가 되었어요.

7세기경에는 아랍인들이 이곳을 점령한 뒤 오랫동안 상업과 무역 중심지로 번영을 누렸어요. 이슬람교도들이 사는 메디나 지구와 유대인들이 사는 헤라트 지구, 카스바라고 부르는 시장 지구가 있어요.

특히, 성벽으로 둘러싸인 메디나 지구는 유네스코 세계 문화유산으로 등록되었는데, 이슬람 왕조 시대의 궁전과 분수, 학교, 사당, 기념비 등 많은 유적들이 있어요. 또 도시 북쪽에는 고대 카르타고의 유적과 로마 시대의 유적들도 많이 볼 수 있어요.

오세아니아의 나라와 수도

오세아니아는 '대양'이라는 뜻을 지니고 있어서 흔히 '대양주'라고도 불러요. 넓은 의미로는 아시아와 아프리카 사이에 있는 섬 지역 전체, 태평양 지역 대부분의 섬을 가리켜요. 좁은 의미의 오세아니아는 오스트랄라시아(오스트레일리아, 뉴질랜드), 멜라네시아, 미크로네시아, 폴리네시아 지역을 가리켜요.

바다를 포함한 오세아니아 전체 면적은 약 7,000만 제곱킬로미터에 이르고, 그 안에 1만 개 이상의 크고 작은 섬들이 있어요. 오세아니아에서 가장 큰 면적을 차지하는 나라는 단연 오스트레일리아인데, 한반도의 약 35배인 770만 제곱킬로미터예요. 오스트레일리아와 뉴질랜드를 제외한 오세아니아 전체 섬의 면적은 약 100만 제곱킬로미터 정도예요. 그중에서 뉴기니섬의 면적이 약 80만 제곱킬로미터인 것을 생각해 보면 오세

아니아에 분포되어 있는 섬들은 대부분 작은 규모예요.

오세아니아 대륙은 17세기 이후에 유럽인들에게 알려졌지만, 유럽인들이 오기 전에 이곳에서는 멜라네시아인, 미크로네시아인, 폴리네시아인 등의 원주민들이 살고 있었어요. 유럽인들이 온 이후 유럽인들과 중국인, 인도인, 일본인 등이 이주해서 살기 시작했고, 지금은 혼혈인들도 많이 살아요.

오세아니아 원주민들의 뿌리는 약 7,000년 전에 이곳으로 이주한 동남아시아 사람들이라고 알려져 있어요. 이들 동남 아시아인들은 뉴기니 섬을 거쳐 남태평양으로 이주했고, 피지를 거쳐 계속 동쪽으로 이주하여 폴리네시아 지역까지 이동한 것으로 보고 있어요.

오세아니아의 여러 섬들은 17세기 유럽인들이 온 이후 에스파냐, 네덜란드, 영국, 프랑스, 독일 등에 의해 점령되었다가, 제2차 세계 대전 이후에 적도 이북의 모든 섬들은 미국의 신탁 통치를 받았어요. 1960년대 이후에는 서사모아의 독립을 시초로 신탁 통치에서 벗어나 많은 섬들이 독립 국가를 이루었어요.

오세아니아에서 가장 넓은 면적을 차지하고 있는 오스트레일리아는 세계에서 여섯 번째로 큰 나라인데, 내륙 중앙부는 대부분 사막 지역이라 사람들이 살지 않는 땅이 많아요. 이 나라는 인구는 많지 않지만 자원이 풍부하고 자연환경이 잘 보존되어 있으며, 캥거루, 코알라 등의 특이한 동물들이 많이 살고 있어요. 그런데 2019년에 큰불이 나서 많은 숲을 잃었어요. 이 나라의 주요 산업은 넓은 초원을 이용하여 소나 양을 방목하는 목축업이에요.

뉴질랜드는 크게 북섬과 남섬으로 나누어지는데, 남섬이 북섬보다 더 넓지만 인구의 75퍼센트 정도는 북섬에 살고 있어요. 유럽인들이 들어오기 전에 먼저 마오리족이 살고 있었는데, 지금도 유럽인들이 들여온 유럽 문화와 마오리족의 전통 문화가 공존하고 있어요. 뉴질랜드 역시 자연환경이 잘 보존되어 있으며, 농업과 목축업이 발달해 있어요.

멜라네시아는 '검은 섬들'이라는 뜻인데, 서태평양으로부터 아라푸라해, 오스트레일리아의 북쪽 및 북서쪽 지역까지를 이르는 말이에요. 이곳에 있는 대표적인 나라는 바누아투, 파푸아뉴기니, 피지 등이에요.

섬이라 물이 참 많지.

미크로네시아는 '작은 섬들'이라는 뜻인데, 서태평양 적도 북쪽 지역을 이르는 말이에요. 이곳에 있는 대표적인 나라는 마셜 제도, 미크로네시아 연방, 팔라우 등이에요.

폴리네시아는 '많은 섬들'이라는 뜻인데, 남태평양에 흩어져 있는 천 개 이상의 섬 지역을 이르는 말이에요. 위치상으로는 하와이 제도, 뉴질랜드, 이스터섬을 잇는 삼각형 안 지역을 말해요. 이곳에 있는 대표적인 나라는 통가, 투발루, 사모아 등이에요.

 뉴질랜드

웰링턴

① **위치:** 뉴질랜드 북섬 남쪽 끝에 위치
② **인구:** 약 400,000명
③ **면적:** 444km²(서울 605km²)
④ **수도 지위 시기:** 1865년

영국 연방의 하나로, 두 개의 큰 섬(남섬과 북섬)과 여러 개의 작은 섬으로 구성된 나라예요. 백인(70%)과 마오리족(15%)이 많이 살고, 영어와 마오리어를 공용어로 사용해요. 개신교(50%)와 가톨릭교(15%)를 많이 믿어요. 10세기경 마오리족이 처음 발견하였고, 유럽인으로서는 1642년 네덜란드의 항해사 타스만이 최초로 발견했어요. 1840년 영국의 식민지가 되었다가 1907년 영국 자치령으로 독립했어요.

북섬과 남섬을 잇는 도시, 웰링턴

뉴질랜드 북섬 남쪽 끝에 있는 천연의 항구 도시예요. 오클랜드 다음가는 두 번째로 큰 도시이며, 뉴질랜드의 정치, 행정, 문화의 중심지예요.

도심은 웰링턴만을 둘러싸고 있는 매립지 지역과 좁은 해안 저지대, 그리고 구릉지에 발달해 있어요. 구릉지에는 주택 지구가 들어서 있고, 저지대에는 상업 지구가 형성되어 있어요. 웰링턴은 10세기경 폴리네시아의 쿠페가 처음 발견한 곳으로 알려져 있는데, 1839년 뉴질랜드의 무역 회사가 정착지를 만들면서 개발되었어요.

뉴질랜드가 1840년 영국의 식민지가 되었을 때 수도는 북섬 북쪽에 있는 오클랜드였어요. 그런데 1865년 남섬과 북섬의 통합을 위해 북섬에 있는 웰링턴으로 수도를 옮겼어요.

도심에 있는 중요한 건축물로는 국립 미술관, 국회 의사당, 시청, 웰링턴 빅토리아 대학교 등이 있어요. 특히, 1867년 건설된 정부 청사는 세계 최대의 목조 건축물이에요.

오스트레일리아

캔버라

① 위치: 오스트레일리아 남동부에 위치
② 인구: 약 400,000명
③ 면적: 805㎢(서울 605㎢)
④ 수도 지위 시기: 1908년

공식 명칭은 '오스트레일리아 연방'이에요. 우리는 '호주'라고도 많이 불러요. 국민은 유럽계 백인이 대부분이에요. 영어를 공용어로 사용하고, 대부분 영국 성공회, 가톨릭교, 개신교 등 크리스트교를 믿어요. 1770년 영국의 제임스 쿡이 다녀간 이후 영국의 식민지가 되었어요. 1901년 영국 연방의 일원이 되었고, 1942년 독립했어요. 목축업이 발달하여 세계 제1의 양모 생산국이에요.

숲이 우거진 수도, 캔버라

오스트레일리아 남동쪽 해발 500미터 지점의 고원을 흐르는 몰롱글로강 연안에 있어요. 캔버라는 내륙의 고원에 있어서 여름은 대체로 따뜻하고 겨울은 서늘해요.

1901년 오스트레일리아가 식민지에서 벗어나 영국 연방의 일원이 될 때, 수도 자리를 놓고 가장 치열하게 경쟁을 벌인 도시는 멜버른과 시드니였어요. 두 도시의 화합을 위해 오스트레일리아 정부는 1908년 둘 중 어디도 아닌 캔버라를 수도로 지정했어요.

미국의 건축가인 월터 벌리 그리핀 부부의 설계안이 채택되었고, 1913년부터 수도 건설이 시작되었어요. 1927년 임시 수도였던 멜버른에서 캔버라로 수도를 옮겼어요. 수도를 옮긴 뒤에도 크고 작은 공사는 계속 진행되어 1960년에 완료되었어요.

캔버라는 전원 도시 운동에서 크게 영향을 받아 건설된 도시이고, 도심에 넓은 자연 초지가 있어서 '숲이 우거진 도시'라는 별칭을 얻었어요.

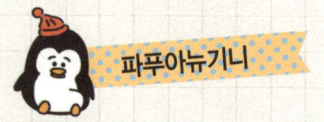

포트모르즈비

① **위치:** 파푸아뉴기니 남동 해안에 위치
② **인구:** 약 340,000명
③ **면적:** 240㎢(서울 605㎢)
④ **수도 지위 시기:** 1975년

공식 명칭은 '파푸아뉴기니 독립국'이에요. 뉴기니섬 동부에 있어요.(서부는 인도네시아 영토예요.) 국민은 멜라네시아인이 대부분이고, 영어를 공용어로 사용해요. 대다수 국민이 개신교와 가톨릭교를 믿지만 전통적인 종교 의식이 널리 행해져요. 오랫동안 네덜란드, 영국, 독일 등 다른 나라의 지배를 받다가 1975년 영국 연방의 일원으로 독립했어요.

파푸아만의 항구 도시, 포트모르즈비

파푸아뉴기니 남동쪽 파푸아만 연안에 있는 항구 도시예요. 파푸아뉴기니 최대 도시이자, 정치, 경제, 문화의 중심지예요.

1873년 영국의 존 모르즈비 선장이 이곳을 탐험하면서 개척 기지로 삼으면서 도시가 시작되었어요.

1945년 포트모르즈비는 오스트레일리아의 영토였던 파푸아와 오스트레일리아가 관리하는 뉴기니의 행정 중심지가 되었어요. 이때부터 작은 항구에서 현대적인 설비를 갖춘 계획적인 도시로 탈바꿈했어요. 포트모르즈비는 1975년 파푸아뉴기니가 독립할 때 수도로 지정되어 지금까지 이어졌어요.

염료와 양조, 담배 등의 공업이 활발하게 이루어지고 있고, 후추, 커피, 과일, 고무, 건축재 등이 주요 수출품이에요. 오스트레일리아의 시드니와 그 외 해안 항구들과는 배로 연결되어 있고, 항공으로도 연결되어 있는 교통 중심지예요.

수바

① **위치:** 피지 비티레부섬 남동 해안에 위치
② **인구:** 약 77,000명
③ **면적:** 2,048㎢(서울 605㎢)
④ **수도 지위 시기:** 1970년

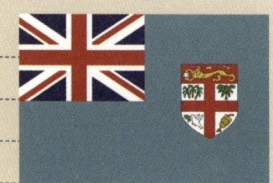

공식 명칭은 '피지 공화국'이에요. 피지인과 인도인이 대부분이에요. 영어가 공용어이지만 피지어와 힌두어도 사용해요. 대부분 개신교와 이슬람교를 믿어요. 피지에서 가장 큰 섬인 비티레부섬과 바누아레부섬을 포함하여 크고 작은 섬 300여 개로 이루어졌어요. 17세기 중반 네덜란드 탐험가 타스만에 의해 처음 발견되고, 1874년 영국의 식민지가 되었어요. 1970년 영국 연방의 일원으로 독립했어요. 1987년 군사 쿠데타가 일어나 영국 연방에서 탈퇴했어요.

남태평양 최고의 항구 도시, 수바

비티레부섬 남동 해안에 있어요. 피지 최대의 도시이자, 정치, 경제, 문화의 중심지이며, 남태평양에서는 배가 드나들고 머무르기에 최고로 좋은 항구로 알려져 있어요.

도시는 1849년에 개발되기 시작했고, 1952년에 시가 되었으며, 지금은 남태평양에서 가장 큰 도시 중 하나예요. 수바의 정식 명칭은 '도무바고 수바'인데, '산호초에 둘러싸인 내해'라는 뜻이에요.

식민지 시절에는 영국의 식민지 정부 청사가 있었고, 1970년 피지가 영국 연방의 일원으로 독립할 때 수도로 지정된 뒤 지금까지 이어졌어요.

수바의 경제는 주로 관광업에 의존하고 있지만 담배, 비누, 코코넛 코프라 가공, 제빵, 양조 등의 경공업도 발달해 있어요.

부록

세계의 수도(195개 나라)

아시아 (48개 나라)

국명	수도	국명	수도
네팔	카트만두	오만	무스카트
대한민국	서울	요르단	암만
동티모르	딜리	우즈베키스탄	타슈켄트
라오스	비엔티안	이라크	바그다드
레바논	베이루트	이란	테헤란
말레이시아	쿠알라룸푸르	이스라엘	예루살렘
몰디브	말레	인도	뉴델리
몽골	울란바토르	인도네시아	자카르타
미얀마	네피도*	일본	도쿄
바레인	마나마	조지아	트빌리시
방글라데시	다카	중국	베이징
베트남	하노이	카자흐스탄	아스타나
부탄	팀부	카타르	도하
북한	평양	캄보디아	프놈펜
브루나이	반다르스리브가완	쿠웨이트	쿠웨이트
사우디아라비아	리야드	키르기스스탄	비슈케크
스리랑카	콜롬보**	키프로스	니코시아
시리아	다마스쿠스	타이(태국)	방콕
싱가포르	싱가포르	타이완(대만)	타이베이
아랍에미리트	아부다비	타지키스탄	두샨베
아르메니아	예레반	터키	앙카라
아제르바이잔	바쿠	투르크메니스탄	아슈하바트
아프가니스탄	카불	파키스탄	이슬라마바드
예멘	사나	필리핀	마닐라

* 미얀마는 2005년 양곤에서 네피도로 수도 이전 / ** 스리랑카 행정 수도: 스리자야와르데네푸라코테

유럽(44개 나라)

국명	수도	국명	수도
그리스	아테네	세르비아	베오그라드
네덜란드	암스테르담	스웨덴	스톡홀름
노르웨이	오슬로	스위스	베른
덴마크	코펜하겐	슬로바키아	브라티슬라바
독일	베를린	슬로베니아	류블랴나
라트비아	리가	아이슬란드	레이캬비크
러시아	모스크바	아일랜드	더블린
루마니아	부쿠레슈티	안도라	안도라라베야
룩셈부르크	룩셈부르크	알바니아	티라나
리투아니아	빌뉴스	에스토니아	탈린
리히텐슈타인	파두츠	에스파냐	마드리드
마케도니아	스코페	영국	런던
모나코	모나코	오스트리아	빈
몬테네그로	포드고리차	우크라이나	키예프
몰도바	키시네프	이탈리아	로마
몰타	발레타	체코	프라하
바티칸시국	바티칸시티	크로아티아	자그레브
벨기에	브뤼셀	포르투갈	리스본
벨라루스	민스크	폴란드	바르샤바
보스니아 헤르체고비나	사라예보	프랑스	파리
불가리아	소피아	핀란드	헬싱키
산마리노	산마리노	헝가리	부다페스트

아메리카 (35개 나라)

국명	수도	국명	수도
가이아나	조지타운	아르헨티나	부에노스아이레스
과테말라	과테말라시티	아이티	포르토프랭스
그레나다	세인트조지스	앤티가 바부다	세인트존스
니카라과	마나과	에콰도르	키토
도미니카 공화국	산토도밍고	엘살바도르	산살바도르
		온두라스	테구시갈파
도미니카 연방	로조	우루과이	몬테비데오
멕시코	멕시코시티	자메이카	킹스턴
미국	워싱턴	칠레	산티아고
바베이도스	브리지타운	캐나다	오타와
바하마	나소	코스타리카	산호세
베네수엘라	카라카스	콜롬비아	보고타
벨리즈	벨모판	쿠바	아바나
볼리비아	라파스*	트리니다드토바고	포트오브스페인
브라질	브라질리아	파나마	파나마시티
세인트루시아	캐스트리스	파라과이	아순시온
세인트빈센트 그레나딘	킹스타운	페루	리마
세인트키츠 네비스	바스테르		
수리남	파라마리보		

* 볼리비아 사법 수도: 수크레

아프리카(54개 나라)

국명	수도	국명	수도
가나	아크라	베냉	포르토노보**
가봉	리브르빌	보츠와나	가보로네
감비아	반줄	소말리아	모가디슈
기니	코나크리	수단	카르툼(하르툼)
기니비사우	비사우	스와질란드	음바바네
나미비아	빈트후크	시에라리온	프리타운
나이지리아	아부자	알제리	알제
남수단	주바	앙골라	루안다
남아프리카 공화국	프리토리아*	에리트레아	아스마라
		에티오피아	아디스아바바
니제르	니아메	우간다	캄팔라
라이베리아	몬로비아	이집트	카이로
레소토	마세루	잠비아	루사카
르완다	키갈리	적도기니	말라보
리비아	트리폴리	중앙아프리카 공화국	방기
마다가스카르	안타나나리보		
말라위	릴롱궤	지부티	지부티
말리	바마코	짐바브웨	하라레
모로코	라바트	차드	은자메나
모리셔스	포트루이스	카메룬	야운데
모리타니	누악쇼트	카보베르데	프라이아
모잠비크	마푸토	케냐	나이로비

* 남아프리카 공화국 입법수도: 케이프타운, 사법수도: 블룸폰테인 / **베냉 정치, 경제 수도: 코토누

아프리카 (54개 나라)

국명	수도	국명	수도
코모로	모로니	상투메 프린시페	상투메
코트디부아르	야무수크로***	세네갈	다카르
콩고 공화국	브라자빌	세이셸	빅토리아
콩고 민주공화국	킨샤사	탄자니아	도도마****
부룬디	부줌부라	토고	로메
부르키나파소	와가두구	튀니지	튀니스

***코트디부아르 실질 수도: 아비장 / ****탄자니아 실질 수도: 다르에스살람

오세아니아 (14개 나라)

국명	수도	국명	수도
나우루	야렌	오스트레일리아	캔버라
뉴질랜드	웰링턴	키리바시	타라와
마셜 제도	마주로	통가	누쿠알로파
미크로네시아	팔리키르	투발루	푸나푸티
바누아투	포토빌라	파푸아뉴기니	포트모르즈비
사모아	아피아	팔라우	멜레케오크
솔로몬	호니아라	피지	수바